고사성어
# 춘추
# 전국
# 이야기

# 고사성어 춘추 전국 이야기

초 판 1쇄 인쇄 · 2023. 4. 14.
초 판 1쇄 발행 · 2023. 4. 24.

지은이     김은중
발행인     이상용
발행처     청아출판사
출판등록   1979. 11. 13. 제9-84호
주소       경기도 파주시 회동길 363-15
대표전화   031-955-6031   팩스 031-955-6036
전자우편   chungabook@naver.com

ISBN 978-89-368-1226-3  03910

값은 뒤표지에 있습니다.
잘못된 책은 구입한 서점에서 바꾸어 드립니다.
본 도서에 대한 문의사항은 이메일을 통해 주십시오.

# 고사성어
# 춘추
# 전국
# 이야기

흥미로운 춘추 전국의 인물과 사건들
그리고 거기에서 유래한 고사성어는?

김은중 지음

청아출판사

술이 가득 찬 연못과 고기로 뒤 덮인 숲을 뜻하는 '주지육림', 낚시꾼을 지칭할 때 흔히 사용하는 '강태공', 평생 지속되는 깊은 우정을 뜻하는 '관포지교', 차가운 음식을 먹는 절기인 한식. 이것들은 어디서 유래한 말일까요? 또한 별다른 설명이 필요 없을 만큼 유명한 고사성어들, 백발백중, 동병상련, 와신상담, 합종연횡, 완벽, 토사구팽, 상사병, 어부지리 등에는 어떤 재미있는 유래가 담겨 있을까요? 우리 일상생활에서 익숙하게 사용하는 많은 고사성어가 어떻게 생겨나게 된 건지 그 배경을 찾아보는 일은 분명 재미있고 의미 있는 시간이 될 것입니다.

앞서 등장한 고사성어들은 바로 중국 춘추 전국 시대에서 유래했습니다. 중국 역사를 보면 최초의 국가인 하나라가 있었고, 하나라가 멸망하고 세워진 상나라가 있었습니다. 상나라가 몰락하고 나서 들어선 나라가 주나라인데, 주나라는 외적의 침입을 받아 서쪽에 있던 수도를 동쪽으로 옮깁니다. 동쪽으로 수도를 옮긴 주나라 시대를 '동주 시대'라고 하는데, 동주 시대의 시작이 곧 '춘추 시대'의 시작입니다. 다소 예법이 살아 있던 춘추 시대는 수많은 나라가 약육강식의 싸움을 벌이는 '전국 시대'로 흘러가고, 이 두 시대를 합쳐 '춘추 전국 시대'라고 부릅니다. 그리고 전국 시대의 혼란은 진시황제가 전국을 통일하면서 마무리됩니다. 혼란스러운 시대의 수많은 나라와 정치가들, 전쟁 영웅 사이에 다양하고 흥미로운 이야기가 등장했고, 그것들이 고사성어로 우리에게 남겨졌습니다.

사실 우리는 이미 짧은 글과 고사성어를 통해서 춘추 전국 시대를 많이 접해 왔습니다. 수많은 이야기들을 알고 있지요. 하지만 그 시대를 처음부터 끝까지 전체적으로 파악하고 있는 사람들은 생각보다 많지 않습니다. 그래서 부분적으로 알고 있는 춘추 전국 시대에 대한 지식의 조각들을 하나로 완성하지 못합니다. 왜 그럴까요? 그것은 춘추 전국 시대가 너무 방대하고 복잡하기 때문입니다. 재미있는 일화나 고사성어의 유래를 보고 그것과 관련된 역사를 찾아보려 하지만, 수많은 나라의 혼란스러운 이해관계와 많은 인물의 등장은 우리가 춘추 전국 시대에 선뜻 다가가는 것을 어렵게 합니다. 그러나 포기하기엔 춘추 전국 시대에 너무나 흥미롭고 재미있는 이야기들이 가득합니다.

자신의 암살자를 재상에 앉힌 제나라 군주 환공 이야기는 어떨까요? 그는 어떤 이유로 자신을 죽이려 화살까지 날린 관중이라는 인물을 등용했을까요? 거기에 더해 암살자 관중이 평생 가는 우정을 뜻하는 관포지교의 주인공 중 한 명이라는 사실은 뒷이야기를 더욱 흥미롭게 만듭니다. 또한 왕이 되기 전까지 무려 19년 동안 중국 전역을 떠돌며 유랑했던 진나라 군주 문공의 이야기에는 목욕하는 모습을 훔쳐보는 변태 왕도 등장합니다. 어떤 사정이 있었던 것일까요? 주변의 적과 아군을 구별할 수 없어 신하들을 속이고 3년 동안 방탕한 군주 행세를 했던 초나라 장왕 이야기와 와신상담으로 유명한 오나라 부차와 월나라 구천 이야기도 있습니다. 전국 시대로 넘어가면 진시황제의 전국 통일을 막으려는 여섯 나라의 운명을 건 시도들과 실패 후 차례대로 함락되는 과정들이 흥미로우면서도 안타깝게 펼쳐집니다. 그 많은 일화 중 가장 흥미진진한 부분은 영화의 소재로 쓰이기도 했던 진시황제 암살 시도가 허무하게 끝나는 일화일 것입니다.

저는 춘추 전국 시대의 중요한 인물과 사건들을 최대한 선별해 그들의 흥미로운 이야기와 그것과 관련된 고사성어가 모두 담길 수 있도록 노력했으며, 작은 일화들이 당대의 전체적인 흐름과 잘 연결될 수 있도록 주의를 기울였습니다. 또한 인물이 많이 등장하는 부분에서는 인물 관계도를, 여러 나라가 등장하는 부분에서는 지도를 그려 넣어 이해를 도울 수 있도록 했습니다. 일화마다 삽화도 넣어 독자분들이 재미있게 읽을 수 있도록 했습니다.

이 책은 춘추 전국 시대로 입문하는 데 도움을 주는 책입니다. 아무쪼록 이 책을 통해 춘추 전국 시대에 대한 관심과 이해가 높아지길 바랍니다. 더 나아가 이 책이 춘추 전국 시대 속으로 더욱 깊게 안내해 주는 다른 작품들로 여러분을 인도하는 디딤돌이 되었으면 하는 바람입니다. 흥미롭고 재미있는 독서가 되길 바랍니다.

## 두 번째 춘추 오패 진 문공 이야기

## 세 번째 춘추 오패 초 장왕 이야기

## 네 번째와 다섯 번째 춘추 오패 오 합려와 월 구천

## 전국 시대가 시작되다

## 전국 칠웅 위나라 이야기

## 전국 칠웅 진나라와 합종연횡 이야기

## 전국 사군자 맹상군 이야기

## 전국 시대 연나라와 조나라 이야기

## 전국 사군자 평원군과 신릉군 이야기

## 진시황제의 전국 통일 이야기

# 춘추 전국 이야기를
# 시작하며

간단하게 정리한 춘추 전국 시대

춘추 전국 시대로 들어가기 전, 간단히 개요를 정리해 보는 것이 앞으로의 이야기를 이해하는 데 도움이 될 것이다. 중국 황하 유역에서 문명이 발생했고, 이 시기 중국 사람들은 슬기로운 지도자 아래 태평성대를 누리고 있었다. 이때를 '요순 시대'라고 하는데, 요임금과 순임금이 다스렸던 시대다. 요임금과 순임금은 뛰어난 사람에게 왕위를 계승했지만, 순임금 다음으로 왕이 된 우임금이 왕위를 아들에게 물려주면서 '하나라'가 시작되었다. 시간이 흘러 하나라는 사치와 향락에 빠져 국가의 기운이 약해졌고, 결국 '상나라'에 멸망했다. 상나라 역시 오래가지 못했다. 상나라의 폭군 주왕은 욕정을 채우려고 백성을 어려움에 빠뜨렸고, 충신을 죽이고 옥에 가두었다. 이에 국력을 키우고 있던 '주나라' 왕은 지혜로운 강태공과 힘을 합쳐 상나라를 멸망시켰다. 당시 주나라의 수도가 서쪽에 있었기에 '서주 시대'라고 한다. 나라 영토를 중국 전역으로 넓힌 주나라 왕은 효과적으로 나라를 다스리고자 왕의 친척과 개국 공신에게 땅을 떼어 주고 제후로서 다스리게 하였다. 제후들은 주나라 왕을 천자로 받들었으며, 주나라에서 본격적으로 봉건제가 시작되었다.

천자인 주나라가 외적의 침입을 받으면 중국 각 지역 제후들이 즉시 군사를 이끌고 도우러 와야 했으나 그러지 못한 상황이 발생했다. 이 과정에서 주나라 유왕이 이민족에게 살해당하고 말았다. 유왕을 계승한 주나라 평왕은 수도를 조금 더 안전한 동쪽으로 옮기기로 했다. 이때부터를 '동주 시대'라고 한다.

동주 시대와 함께 '춘추 시대'도 시작되었다. 당시 역사라는 의미로 통했던 '춘추'라는 단어가 예절을 강조했던 철학자 공자의 책 제목에서 기원했듯이, 춘추 시대는 예의가 살아 있는 시대였다. 모든 제후국은 적어도 겉으로 보기에는 천자를 보호하고 주나라의 예절과 법도를 따르기 위해 애썼다.

## 춘추 시대

춘추 시대를 이해하는 쉬운 방법은 당대 중국의 여러 제후를 통솔했던 대장 제후, 즉 '패자'들의 이야기를 중심으로 살펴보는 것이다. 춘추 시대를 호령했던 다섯 명의 제후를 '춘추 오패'라고 하는데, 그 첫 번째 패자는 강태공이 세운 제나라의 환공이었다. 제 환공에게는 두 명의 스승이 있었는데, '관포지교'의 관중과 포숙이 그들이었다. 관중은 한때 제 환공을 죽이려고 화살을 날린 인물이었지만, 그의 능력을 높이 산 제 환공은 관중을 오히려 제나라 재상으로 발탁해 나라의 중흥기를 이끌었다. 예의를 중시한 춘추 시대의 대표적인 군주는 송나라 양공이었다. 그는 예법을 지키기 위해 강을 건너는 적군을 얌전히 기다려 주다가 결국 자멸했고, '송양지인'이라는 고사성어의 주인공이 되기도 했다.

춘추 시대 두 번째로 등장한 패자는 진나라 문공이다. 진문공은 공자 시절 새어머니가 세운 음모의 희생양이 되어 자기 나라에서 쫓겨나 무려 19년 동안 전국을 떠돌아야만 했던 유랑 공자였다. 하지만 그는 준비된 군주였다. 비록 9년 밖에 왕위에 있지 않았지만, 초나라와의 큰 전쟁 '성복 대전'을 승리로 이끌면서 중원을 지키고 패자에 올랐다.

세 번째 패자는 초나라 장왕이었다. 그는 어린 시절 왕위에 올라 누가 적이고 아군인지 모르는 혼란스러운 시기를 보냈다.

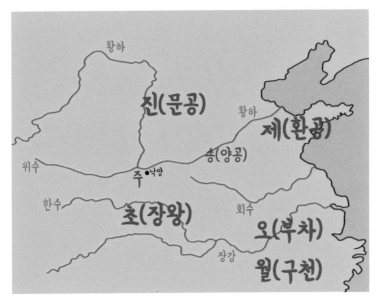

춘추 오패

3년 동안을 방탕하게 보낸 초 장왕은 모든 상황을 파악할 수 있게 되자 드디어 세상으로 나왔다. 3년간 날지도 울지도 않던 새가 이제 땅을 박차고 하늘로 날아오를 준비를 마친 것이었다. 초 장왕은 '필 전투'에서 진나라에 대승을 거둠으로써 성복 대전의 패배를 복수하고 중원의 패권을 차지할 수 있었다.

　네 번째와 다섯 번째 패자는 '와신상담'의 주인공인 오나라 합려와 월나라 구천이다. 오 합려는 초나라에서 망명한 오자서 등과 함께 강대국인 초나라를 거의 멸망 직전까지 몰아넣었고, 북쪽으로 제나라와 진나라를 위협했다. 하지만 월나라와의 전투에서 사망하고 말았다. 합려의 아들 부차는 아버지의 복수를 잊지 않기 위해 딱딱한 장작 위에서 잠을 자며(와신) 결국 월나라 구천을 사로잡는 데 성공했다. 패배한 월나라 구천은 오나라에 노비로 팔려 가는 수모를 당하면서도 절대 포기하지 않았고, 분노를 삭이며 무려 20년 동안 쓸개즙을 맛보았다(상담). 마침내 오나라가 북쪽 진출에 열을 올리고 있는 상황을 역이용한 공격에 성공해 오나라 부차를 자살로 내몰고 패자 자리에 앉았다. 이렇게 제 환공 → 진 문공 → 초 장왕 → 오 합려 → 월 구천 순으로 다섯 명의 패자를 만나고 나면 춘추 시대 이야기는 끝이 난다.

## 전국 시대

전국 시대는 천자(주나라 왕)에 대한 예의가 사라지고 오직 다른 나라를 정복해 중국을 통일하려는 나라들이 만들어 간 약육강식의 시대다. 전국 시대의 시작은 진 문공의 진晉나라가 세 개의 나라(조, 위, 한나라)로 분할되면서 시작된다. 혹은 세 나라의 분리가 공식적으로 인정받은 연도부터 전국 시대가 시작한다고 보는 시각도 있다.

전국 시대를 지배한 일곱 개의 나라를 '전국 칠웅'이라고 하는데, 그중 가장 먼저 두각을 나타낸 나라는 위나라였다. 위나라에는 70전 60승의 명장 '오기'가 있었다. 출세를 위해 아내를 죽음으로 내몰았다는 오해를 받기도 했지만, 오기는 누구보다 부하를 사랑한 따뜻한 장수였다. 위나라에는 이와 반대로 차가운 장수 '방연'도 있었다. 그는 평생 자신의 학문 동기였던 '손빈'에 대한 자격지심에서 벗어나지

전국 시대 칠웅의 위치

못했다. 방연은 손빈을 음모에 빠뜨려 두 다리를 자르고 얼굴에 평생 지울 수 없는 큰 흉터를 남겼다. 하지만 손빈은 제나라에서 재기했고, 결국 마릉 전투에서 방연을 죽음으로 몰아넣어 복수에 성공했다.

이어서 진秦나라 '상앙'을 빼놓을 수 없다. 상앙은 엄격한 법을 만들어 백성과 귀족, 왕족을 가리지 않고 모두 지키게 했다. 상앙은 그에게 앙심을 품은 왕족에 의해 비참한 최후를 맞았지만, 그가 만든 법으로 기반이 튼튼해진 진나라는 단숨에 강대국으로 발돋움할 수 있었다. 진나라가 점점 강해지자 나머지 여섯 나라는 대응 방법을 놓고 고심하기 시작했다. '소진'은 여섯 나라가 힘을 합쳐 진나라에 대응해야 한다는 '합종설'을 주장했는데, 진나라 '장의'는 이에 대응해 여섯 나라가 각각 진나

라와 화친하는 것이 유일한 길이라는 '연횡설'을 주장했다. 처음에는 소진이 여섯 나라의 재상을 동시에 역임하는 데 성공하면서 합종설로 기우는 듯하였으나, 여러 나라의 다양한 요구와 이기심을 조율하는 것은 애초에 무리가 따르는 일이었다. 여섯 나라는 하나씩 차례로 진나라에 멸망할 운명에 처했다.

맨 처음 멸망한 나라는 진나라와 가장 가까운 한나라였다. 한나라는 진나라의 공격을 피하고자 진시황제가 좋아했던 《한비자》의 작가인 '한비'를 진나라로 보냈으나 한비도 죽고, 멸망을 피하지 못했다. 그다음 목표였던 조나라는 '인상여'라는 뛰어난 신하와 '염파' 장군의 고군분투로 어느 정도는 버텼으나 '장평 대전'에서 패하며 무려 40만 대군을 한 번에 잃고 나서 더는 재기하기가 힘들었다. 조나라 평원군과 위나라 신릉군 같은 사군자들이 도왔지만 조나라는 결국 멸망했고, 연이어 위나라 역시 같은 운명을 맞았다.

초나라 역시 60만 대군을 거느리고 온 진나라 장군 '왕전'의 군대를 버텨 내지 못했다. 진나라에 가장 위협이 되었던 것은 전투가 아니라 오히려 암살 시도였다. 연나라 태자 건은 '형가'라는 자객을 보내 진시황제의 생명을 빼앗는 데 가장 가까이 다가갔지만 실패로 돌아갔고, 연나라는 진나라 대군 앞에 태자 건의 생명을 바치고도 멸망을 피할 수 없었다. 전국 시대의 마지막은 허무하게 끝났다. 제나라는 진나라 대군에 맞서 한 번도 싸우지 않고 나라를 고스란히 진나라에 바쳤다.

앞으로 펼쳐질 춘추 전국 시대의 이야기들을 간단하게 살펴보았다. 이제 본격적으로 오늘날 중국의 기틀을 만들었던 수많은 나라와 영웅들 그리고 그들이 만들어 낸 수많은 고사성어를 만나 보자.

# 세상의 탄생과
# 고대 중국의
# 나라들

# 세상을 만든 반고

알을 깨고 세상을 창조한 반고는
중국의 창조신이다.

세상이 맨 처음 어떻게 만들어졌는지에 대한 이야기 중 우리에게 익숙한 것은 그리스 로마 신화와 천지창조 신화일 것이다. 그런데 중국에도 세상의 시작을 설명하는 흥미로운 이야기가 있다. 하늘과 땅이 하나로 붙어 있던 암흑만이 존재하던 시절, 세상은 달걀 같은 모양을 하고 있었고 최초의 생명이 그 안에서 숨 쉬고 있었다. 그 생명의 이름은 '반고'였다. 답답한 알 속에서 2만 년에 가까운 긴 시간을 보낸 반고는 어느 순간 때가 되었음을 깨달았다. 그는 온 힘을 다해 자신을 둘러싸고 있던 알을 깨버리고 마침내 세상 밖으로 나왔다. 이때 알 속에 있던 여러 물질이 같이 나왔는데, 그중 가벼운 것들은 위로 올라가 하늘을 만들었고 무거운 것들은 가라앉아 땅이 되었다. 이렇게 하늘과 땅이 분리되었다.

　하지만 스스로 알을 깨고 새로운 세상을 창조하는 사람에게는 그 세상을 유지해야 하는 책임 또한 주어지기 마련이다. 반고는 자신이 만든 세상이 매우 불안정하다고 느꼈으며 하늘이 자신에게 다시 무너져 내릴 것 같은 불안감에 시달렸다. 그래서 그는 자기 머리로 새로 생긴 하늘을 떠받쳤고, 다리로는 땅을 굳건히 눌러 다졌다. 반고의 키가 자랄수록 하늘과 땅 사이의 거리는 계속 멀어졌고 세상은 점점 커졌다. 그렇게 2만 년에 가까운 시간이 흘렀고, 반고는 하늘과 땅 사이를 지탱하는 기둥이 된 채 죽고 말았다. 차라리 알 속에 있었을 때가 반고에게는 더 행복했을까? 하지만 반고가 만든 세상은 이제부터 시작이었다. 반고가 죽어 가며 남긴 마지막 숨결은 바람과 구름이 되었고, 두 눈은 태양과 달이 되었으며, 몸은 대지와 산으로 변했다. 이렇게 중국인의 세상을 자신의 희생으로 창조해 낸 반고는 초인적인 희생으로 삶을 개척한 위대한 정신의 소유자로 오래도록 숭배받고 있다.

# 황제라는 단어의 기원이 된 삼황오제

진시황제

자~ 나를 이제 황제라 불러라

전국을 통일한 진나라 왕은 자신을 첫 번째 황제라 부르도록 했다. 그렇게 진시황제가 탄생했다.

여러 나라가 혼란스러운 세력 다툼을 벌이던 전국 시대를 통일한 진나라 왕은 자신을 지칭하는 멋진 명칭을 새로 만들고 싶었다. 당시 사용하던 '왕'이나 '천자' 같은 단어들이 너무 식상한 데다가 자신의 특별한 업적을 표현하기에 부족하다고 느껴졌기 때문이다. 진나라 왕은 중국 고대 신화에 등장하는 전설적인 왕들을 떠올렸고 고민 끝에 자신을 첫 번째 황제, 즉 '시황제[始처음 시 皇帝황제]'라고 부르기로 했다. 그렇다면 황제는 무슨 의미일까?

　황제는 중국 고대 신화에 등장하는 세 명의 황皇과 다섯 명의 제帝로부터 유래한 '삼황오제'를 줄인 말이다. 삼황은 인류를 위해 위대한 발견을 한 전설 속의 세 임금으로, 일반적으로 물고기 잡는 법을 전수한 '복희씨', 농사 짓는 법을 전한 '신농씨' 그리고 인간을 창조한 '여와씨'를 가리킨다. 이들 삼황은 인간과 동물이 반씩 섞여 있는 반인반수半人半獸의 모습을 한 신적인 존재였다. 삼황에 이어 세상을 다스린 이들은 오제라 불리는 다섯 명의 인간 임금이었다. 이들은 황제, 전욱, 제곡, 요, 순이었으며, 그중 황제, 요, 순이 우리에게 가장 잘 알려져 있다. 진시황제의 황제와 오제 중의 한 명인 황제는 명칭은 같지만 뜻은 다른 한자를 사용하는데, 진시황제의 황은 임금 황皇이며, 오제의 황제는

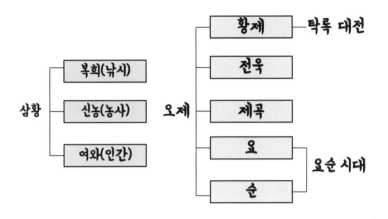

고대 중국의 현명한 왕들을 일컫는 '삼황오제'라는 말에서 '황제'가 유래했다.
오제 중에서 황제는 '탁록 대전'으로, 요와 순은 '요순 시대'로 꽤 친숙하다.

누를 황黃이다. 왕의 이름에 '누렇다'라는 의미가 담긴 것에서 중
국 민족이 황하 유역에서 시작됐음을 알 수 있다.

첫 번째 오제인 황黃제는 처음으로 창과 방패를 만들어 주
변을 정복한 임금으로, 그의 정복 범위가 넓어지면서 소규모의
씨족 사회들이 뭉쳐 부족 사회가 형성되었다고 한다. 황제를 가
장 유명하게 만든 전투는 '탁록 대전'이다. '탁록'이라는 곳에서
중국 동쪽을 지배하고 있던 전쟁의 신 '치우천왕'과 치렀던 대
규모 전투를 말한다. 황제가 탁록 대전에서 승리한 이후 중국
중심부에 살고 있는 한족을 우대하고 주변 부족을 오랑캐로 낮
잡아 보는 중국 중심적인 사고방식이 만들어졌다고 한다.

사실 탁록 대전의 패배자인 치우천왕이 우리에게 익숙해진
것은 중국 역사 때문은 아니고, 우리나라 축구 응원단 붉은 악

마의 공식 캐릭터로 사용된 이후부터다. 치우천왕과 우리 역사의 관련성은 뚜렷하진 않지만, 응원 캐릭터로 처음 등장했던 경기에서 우리나라가 축구 강국 브라질에 승리를 거두었을 뿐 아니라, 치우천왕 등장 이후 첫 월드컵에서도 4강에 올랐다. 우리 입장에선 승리를 가져다주는 고마운 캐릭터라 할 수 있다.

# 요순 시대와
# 소부, 허유

속세를 벗어나 고귀하게
살고자 했던 소부와 허유,
그들이 살았던 기산영수.

오제의 마지막 두 임금 요와 순이 다스렸던 시대를 한 글자씩 따서 '요순 시대'라고 하는데, 이들이 다스리던 시대는 백성이 풍요롭고 여유로워 임금의 존재까지도 잊을 정도였다. 이렇게 어진 군주가 다스리는 태평한 시대를 **태평성대**라고도 한다. 너그럽고 슬기로운 요임금 덕에 태평성대가 계속되었지만, 어느덧 요임금이 나이가 들어 다음 임금을 찾아야 할 시기가 왔다. 요임금은 자기 자녀들에게 임금 자리를 물려주는 것보다, 능력 있고 덕이 있는 사람을 찾아 그에게 물려주고 싶었다. 후계자를 고르던 요임금에게 마침 '허유'라는 사람이 지혜롭다는 소문이 들렸다. 요임금은 반가운 마음에 허유를 찾아 그에게 왕위를 넘기려고 했다.

　　이 소식을 들은 허유는 깜짝 놀랐다. 세속적인 임금 자리에 전혀 관심이 없었던 그는 깊은 산속 '기산箕山'이라는 곳으로 숨고 말았다. 그리고 얼마나 세속적인 생각을 두려워했던지 왕위 소식을 들었던 자기 귀를 원망하며 '영수潁水'라 불리는 강에 내려와 귀를 열심히 씻었다. 이때 소를 끌고 그곳을 지나던 허유

---

고사성어　・태평성대　　太클 태 平다스릴 평 聖성인 성 代시대 대

의 친구 '소부'가 허겁지겁 귀를 씻고 있던 허유를 보고 넌지시 물었다.

"자네 뭐하나?"

허유에게 자초지종을 듣고 난 소부는 아무 말 없이 소를 데리고 더 높은 쪽의 개울로 힘들게 올라갔다. 친구의 엉뚱한 행동을 보고 이번엔 허유가 물었다.

"왜 굳이 소를 힘들게 더 높은 곳으로 데려가는가?"

한숨 섞인 소부의 대답이 나지막이 들려왔다.

"속세에 오염된 귀를 씻어 더러워진 물을 소에게 먹일 수는 없잖아."

천하를 물려주겠다는 말을 듣자 숨어 버리고 영수에 귀를 씻은 허유, 그 귀를 씻은 더러운 물을 소에게조차 먹일 수 없다며 소를 끌고 돌아갔다는 소부. 두 사람 모두 세속을 경계하고 은둔을 택한 고고함과 부귀영화를 마다하는 고귀함을 가진 인물들이지만 그들이 누리는 그런 행복 역시 요임금의 수고로 이룬 태평성대가 있었기에 가능했던 것이다. 어느 정도의 예의를 갖춘 바른 거절이 필요하지 않았을까? 소부와 허유처럼 세상에 대한 욕심을 버리고 자연 속에서 살아가는 사람들을 '소부와 허유' 그리고 그들이 사는 자연을 '기산영수'라고 한다.

요임금은 고심 끝에 새로운 임금 후보자 '순'을 찾아냈다. 요임금에게 들린 순의 이야기는 이러했다. 앞을 볼 수 없는 순의 아버지가 재혼했는데 새어머니와 그녀가 데리고 온 아들은 매우 욕심이 많고 악한 사람들이었다. 그런데도 순은 새로운 어머니와 동생을 지극히 섬기고 아꼈기 때문에 주변 사람들이 순의 덕을 매우 칭찬하고 있었고 그 소문이 결국 요임금까지 다다른 것이었다. 자신을 이을 다음 임금으로 순이 적합하다고 판단한 요임금은 자신의 딸을 순에게 시집보내고 재물도 하사했다. 하지만 이 때문에 오히려 순은 위험해졌으니, 재물을 본 새어머니와 동생이 그것을 갖기 위해 순을 죽일 계략을 세운 것이다.

어느 날, 순이 창고 지붕을 고치고 있는데 창고에 갑자기 불이 났다. 치솟는 불길에 당황하던 순은 지붕 위로 올라올 때 사용했던 사다리를 찾았으나 흔적 없이 사라진 후였다. 새어머니와 아들이 창고에 불을 지르고 사다리도 치워 버린 것이다. 고심하던 순은 햇볕을 가리기 위해 삿갓을 두 개 가지고 올라왔던 것을 떠올렸고, 양쪽 손에 삿갓을 잡고 마치 날개를 펄럭이듯 휘저으며 지붕에서 뛰어내렸다. 다행히 다치지 않고 무사히 착지할 수 있었다.

하지만 새어머니와 동생은 집요했고 다시 한번 그를 함정에 빠뜨렸다. 순이 우물을 파고 있는데 돌로 우물 입구를 메워 버린 것이다. 우물에 갇혀 잠시 망연자실했던 순은 침착함을 잃지 않았고 다른 방향으로 굴을 파서 무사히 땅 위로 올라올 수 있었다. 아무래도 순은 평범한 일반인이 아니었던 모양이다. 이처럼 죽을 뻔한 위험한 일들을 연속으로 겪은 이후로도 순은 부모와 동생에게 한결같이 대했다. 그것은 순에게 다른 사람의 마음을 이해하는 능력이 있었기에 가능했다. 마침내 새어머니와 동생도 더 이상은 순을 해칠 생각을 못 하게 되었다. 순의 효심과 슬기로움에 대한 소문은 하루가 다르게 퍼져 나갔고, 그가 현명한 임금의 자질을 가진 사람이

요순 시대가 끝나고 우임금이 '하 왕조'를 세우면서 능력 없는 왕자들이 왕위에 올라 나라에 위기가 찾아왔다.

라는 것이 확실하게 증명되었다. 요임금은 매우 흡족해하며 순에게 왕위를 넘기고 나라를 다스리는 모든 권한을 물려주었다.

요임금 다음으로 왕위에 오른 순임금의 시대도 태평성대였지만 두 임금을 계속 괴롭혔던 문제가 있었다. 그것은 바로 예상할 수 없는 자연의 공격, 특히 홍수와 가뭄이었다. 그래서 물을 다스리는 치수 사업을 성공적으로 완수해 낸 '우'가 자연스럽게 다음 임금으로 추대되었다. 이렇게 요임금부터 우임금까지는 능력과 덕이 있는 사람에게 왕위가 전달되는 방식이었지만, 우임금은 커진 왕의 권력에 대한 욕심을 차마 버리지 못하고 아들에게 왕위를 넘기고 말았다. 왕위가 아들에게 세습되면서 중국의 첫 번째 왕조인 '하夏나라'가 시작되었다. 그러나 왕의 아들이라는 이유로 능력과 덕을 검증받지 못한 사람들이 무

조건 왕의 자리에 오르다 보니 하나라는 17번째 왕에 이르러 최대 위기를 맞이하게 되었다. 그 왕은 바로 악역무도한 폭군의 상징인 '걸왕'이었다.

# 하나라 걸왕의 방탕함의 끝, 주지육림

하나라 걸왕은 여색에 빠져
주지육림 파티를 즐기다 결국
나라를 망하게 했다.

걸왕은 악독하고 탐욕스러웠으나 힘과 지략이 뛰어나 다른 나라와의 전투에서 승리를 자주 거두었다. 그러나 걸왕의 기세는 오래가지 못했다. 어느 조그만 나라가 항복의 의미로 바친 '말희'라는 여인을 본 순간 완전히 사랑에 빠져 그녀가 하는 말이라면 무조건 복종하게 된 것이다. 이쯤 되자 자신의 부족을 멸망시킨 것에 앙갚음할 기회만 살피던 말희의 본격적인 복수가 시작되었다. 그녀는 자신에게 넋이 나간 왕을 조종해 화려한 궁궐을 새로 짓게 하고 매일 잔치를 열었다. 금세 평범한 파티에 싫증을 느낀 말희는 걸왕에게 색다른 요구를 했다.

"차라리 술로 연못을 만들고 고기로 숲을 만들어 내 마음대로 먹고 마시고 싶어."

말희의 이런 요구가 바로 **주지육림**의 유래가 되었다.

주지육림은 술이 연못을 이루고 고기가 숲을 이룬다는 뜻으로, 사실 말희는 자기 나라를 짓밟고 사랑하는 가족과 헤어지게 했으며 자신을 노리개로 전락하게 만든 걸왕의 나라를 멸망시키고자 이것을 제안한 것이었다. 하지만 맹목적인 사랑에 빠

고사성어 ・**주지육림** **酒**술 주 **池**연못 지 **肉**고기 육 **林**수풀 림

진 걸왕은 나라를 위한 조언을 하는 충신을 모두 죽이거나 내쫓고 주지육림을 만드는 데 몰두했다. 말희의 소원대로 연못은 왕궁에 있던 고급 술로 가득 채워졌고 최고급 고기 요리들은 나무에 매달려 숲을 이루었다. 걸왕과 말희 그리고 자기 안위만 생각하는 간신들은 매일 그곳에서 잔치를 즐겼다. 잔치가 지속되자 연못에 배를 띄울 수 있을 만큼 많은 술과 나무에 매달 엄청난 양의 고기가 계속 필요했는데, 이 모든 것은 백성에게 세금을 무자비하게 걷음으로써 유지될 수 있었다. 하루하루 살아가기도 빠듯했던 백성의 걸왕에 대한 분노는 하늘을 찔렀다.

화려하고 방탕한 주지육림 속에서 병들어 가는 하나라 상황을 기회 삼아 옆 나라의 탕왕이 쳐들어왔다. 탕왕은 예전에 걸왕에게 잡혀 감옥에 갇혔다가 어렵게 풀려난 적이 있었는데, 그때부터 복수를 다짐했던 탕왕의 주도면밀한 공격을 생기를 잃어버린 걸왕은 도저히 막아 낼 수 없었다. 하나라 백성의 지지 속에 탕왕은 걸왕과 말희를 모두 제거하고 하나라를 멸망시켰다. 그리고 그곳에 새롭게 세운 나라가 바로 중국의 두 번째 왕조 '상商나라'이다. 상나라를 세운 탕왕은 걸왕을 공격하기 전에 하나라 백성의 지지를 호소하면서 이렇게 말했다고 한다.

"하나라의 걸왕은 이미 왕으로서의 덕을 잃은 상태입니다. 지금 여러분의 고통과 고난은 진흙과 숯불에 빠진 상태와 같습니다. 방탕한 걸왕을 물리치려면 여러분의 도움이 필요합니다. 저를 지지하고 도와주신다면 반드시 상을 내리겠습니다. 저는

제가 <u>내뱉은 말은 절대 삼키지 않습니다!"</u>

　여기서 오늘날 흔하게 사용되는 두 단어가 탄생했다. 하나는 진흙과 숯불에서 유래한 **도탄**으로, 잘못된 정치로 백성이 고통에 빠지는 것을 '도탄에 빠졌다'라고 표현한다. 다른 하나는 내뱉은 말을 삼킨다는 뜻의 **식언**으로, 약속을 지키지 않을 때 '식언한다'라고 말한다.

---

　• **도탄**　塗진흙 도 炭숯 탄
　　　　　• **식언**　食먹을 식 言말씀 언

### ★ 고사성어 하나 더

**걸구폐요**　桀걸왕 걸 狗개 구 吠짖을 폐 堯요임금 요

폭군 걸왕과 요임금이 주인공으로 등장하는 재미있는 고사성어도 있다. 걸왕은 폭군이고 요임금은 태평성대의 성군이지만, 걸왕의 개는 오로지 자신의 주인만을 따르며 오히려 요임금을 보고 컹컹 짖는다는 뜻의 '**걸구폐요**'가 그것이다. 아랫 사람은 그저 자기 주인만을 위해 일한다는 뜻이다.

# 상나라 주왕의 잔인한 형벌, 포락지형

상나라 주왕은 자신에게 간언하는 신하들에게 포락지형이라는 잔인한 벌을 내렸다.

하나라를 멸망시키고 상나라를 세운 탕왕은 덕이 많고 백성을 아끼는 왕이었다. 그런데 문제가 발생했으니 탕왕이 즉위하자마자 7년 동안 상나라에 가뭄이 들었던 것이다. 종교 사제들은 하나같이 사람을 제물로 삼아 기우제를 지내야만 비가 내릴 것이라고 탕왕을 부추겼다. 하지만 탕왕은 백성을 희생시킬 수 없었다. 고심 끝에 왕은 스스로를 제물로 삼아 제사를 지내려고 했다. 다행히 하늘이 감동해 상나라에 비가 내렸다고 한다. 하지만 왕의 기우제 때문에 비가 내렸다고 백성이 믿게 된 것이 문제가 될 수 있었다. 옛사람에게 잘못된 상식을 주입한 것이다. 덕분에 우리나라를 비롯한 동양권 나라의 왕들은 비가 안 오면 죄의식을 느끼며 기우제를 지내야만 했다.

후대에 상나라의 수도는 여러 번 바뀌었는데, 마지막으로 옮겨진 수도가 '은허'라는 도시였다. 그래서 상나라를 '은나라' 혹은 '은 왕조'라고 부르기도 한다. 1900년대 초부터 은허에서 대규모의 유물과 유적이 발견됐는데, 그중 가장 유명한 것이 '갑골 문자'였다. 거북이 등껍질[甲껍질 갑]이나 소뼈[骨뼈 골]에 새겨진 문자로 은나라 사람들이 점을 치던 도구였으며, 이 문자들이 해독되면서 은나라가 전설상의 나라가 아닌 실제 존재한 나라였음이 증명되었다. 아직까지 하나라 유적은 공식적으로 확인되지 않았으므로 상나라<sub>은나라</sub>는 실존했음이 유물로 증명된, 중국의 가장 오래된 나라라고 할 수 있다.

상나라에도 나라를 파멸시키는 마지막 임금이 등장하는데 바로 '주왕'이다. 보통 하나라의 걸왕과 상나라의 주왕을 세트로 묶어 '걸주'라고 부르는데, 전형적인 폭군의 대명사라 할 수 있다. 주왕 역시 머리가 좋고 체격이 좋아 맹수를 맨손으로 때려잡을 정도였다고 하는데, 문제는 다른 부족을 침략하고 '달기'라는 이름의 여인을 인질로 데려오면서 발생했다. 그리고 모든 것이 걸왕 때와 똑같이 흘러갔다. 주왕은 달기의 마음을 얻으려고 호화로운 궁전을 새로 짓고, 주지육림을 만들어 매일 파티를 즐겼다. 엄청난 세금을 내야 했던 백성은 다시금 도탄에 빠져야 했다.

보다 못한 일부 충신이 주왕에게 바른말을 했지만, 그들은 끔찍한 형벌을 받아야만 했다. 그것은 기름을 바르고 숯불에 달군 구리 기둥 위를 맨발로 걸어가는 것으로, 발이 미끄러지면 바로 불에 타 죽는 끔찍한 처벌이었다. 이것을 불에 구워지고 지져지는 형벌, **포락지형**이라고 한다. 주왕과 달기는 포락지형을 받는 충신들이 불에 타 죽은 모습을 보고 크게 웃으며 즐거워했다. 특히 주왕은 직언을 올리는 자기 아들에게도 살벌한 말

---

고사성어 · 포락지형 　炮구울 포 烙지질 락 之~의 지 刑형벌 형

41

을 남기며 죽었다고 한다.

"사람들이 너를 의로운 성인이라고 부른다는데, 내가 알기로 성인의 심장에는 일곱 개의 구멍이 있다고 한다. 과연 너의 심장은 어떠할까?"

이처럼 인륜을 넘어 천륜까지 저버린 주왕이었다. 하지만 다행히 그를 토벌할 새로운 나라가 서서히 힘을 키우고 있었다. 바로 '주나라'였다. 이름이 조금 헷갈릴 수 있으니 확인하고 넘어가자. 상나라의 주紂왕은 새로운 주周나라에 의해 무너지게 될 것이다.

# 주나라의 등장과
# 서주 시대

'태공조어 이수삼촌'하다가
'궁팔십 달팔십'하게 된 강태공.

44

상나라 주왕의 포악한 정치에 대한 원성이 하늘을 찌를 무렵, 주변에서 차근차근 세력을 키워 가는 '주나라'가 있었다. 주나라 문왕은 나라를 키우려면 뛰어난 인재가 필요하다고 생각했다. 그런데 어느 날 문왕이 사냥을 나가기 위해 점을 쳐 보니 '오늘의 수확물은 동물이 아니라 왕의 귀중한 협조자'라는 점괘가 나오는 게 아닌가! 사냥을 떠나는 문왕의 가슴은 두근두근했다.

'과거에 아버지 태공께서 어떤 인물이 우리 주나라를 크게 번성하게 할 거라고 하셨는데 오늘 그 사람을 드디어 만나게 되는 것일까?'

문왕은 정성스레 목욕재계하고 사냥을 떠났다.

주나라에 사는 '여상'이라는 선비는 상나라 주왕의 폭정으로 집안이 몰락한 후 은둔하며 지낸 학문의 천재였다. 하지만 주나라로 도피한 후에도 과거 시험을 보지 않고 집안 형편에는 관심도 두지 않은 채 공부만 '밤낮으로 쉬지 않고' 주야장천 했다. 그 모습을 참다못한 아내는 결국 달아나 버리고 말았다.

"있을 때 잘할걸……."

갑자기 살림을 떠맡은 여상은 잡일을 전전하다가 강가에서 낚시를 시작했다. 하지만 낚시에 소질이 없었을까? 수년 동안 단 한 마리의 고기도 잡지 못했다.

알고 보니 애초부터 여상은 물고기를 잡을 생각이 없었던 것 같다. 왜냐하면 낚싯바늘이 물속에 잠겨 있던 게 아니라 물 밖으로 3촌(약 10cm) 정도 떠 있었기 때문이다. 이것을 **태공조어 이수삼촌**이라고 한다. 여상은 낚시가 목적이 아니라 적당한 때를 그저 기다리고 있었던 것이다. 그의 낚시는 당장의 결과를 바라고 하는 행동이 아니었다. 이처럼 누구나 자기 행동이 지금은 아무런 의미가 없는 것으로 느껴질 때가 있지만 나중에 보면 좋은 결과를 얻기 위한 중간 과정일 때가 많다. '태공조어 이수삼촌'은 이럴 때 사용하는 말이다.

사냥을 서둘러 마친 문왕은 강가에서 드디어 여상을 만났다. 낡은 옷차림의 초라한 노인이 낚시하고 있었지만, 문왕은 그를 한눈에 알아보았다. 잠깐의 대화에서도 문왕은 그의 비범함을 느낄 수 있었다.

'나의 아버지 태공이 그렇게 바라던 사람을 이제 만났구나!'

여상은 그렇게 '태공망[太公태공 望바랄 망] 여상'으로 불리게 되었고, 그의 성이 강씨였기 때문에 후대에는 '강태공'으로 불렸다. 오늘날 낚시하는 사람들을 일반적으로 부르는 호칭인 강태공은 이렇게 탄생했다. 강태공과 함께 수레에 타고 주나라로 돌아온 문왕은 그를 왕의 스승, 국사國師로 임명했다. 이때 강태공의 나이는 80세였다.

강태공의 인생을 한 단어로 정리한 고사성어가 있다. 팔십

세까지 궁핍하게 살다가 성공에 도달했다는 뜻의 **궁팔십 달팔십**이다. 사람마다 성공하는 때가 달라 언제 다다를지 모르니, 쉽게 포기하면 안 된다는 지혜가 담긴 말이다. 주변에 노력하는데도 원하는 결과를 얻지 못해 좌절하는 사람이 있다면 강태공의 성공 이야기와 함께 '태공조어 이수삼촌'과 '궁팔십 달팔십' 이야기를 꺼내 보자.

고사성어　• 태공조어 이수삼촌　太公태공 釣낚시 조 魚물고기 어
離떠날 이 水물 수 三寸삼촌
　• 궁팔십 달팔십　窮궁할 궁 八十팔십 達통달할 달 八十팔십

# 목야 전투와
# 서주 시대의
# 개막

목야 대전으로 상나라는
멸망하고 주나라가 건국되었다.

강태공을 발탁한 문왕은 아쉽게도 큰일을 도모하기 전에 죽었고, 아들 무왕이 그를 이었다. 무왕과 강태공은 힘을 합쳐 주나라를 잘 성장시켰다. 강태공은 모든 학문에 능통했지만, 특히 병법에 일가견이 있어 주나라의 군대는 하루가 다르게 강해지고 있었다. 반면에 상나라 주왕의 포악함 역시 극에 달하고 있었다. 특히 자신의 잘못을 지적한다는 이유로 자기 아들인 왕자의 심장을 난도질하여 죽인 사실은 주왕이 최소한의 인간적인 모습까지도 잃었음을 보여 주는 사건이었다. 왕자에게도 그럴 정도인데 상나라 백성은 얼마나 참혹한 시간을 견디고 있을 것인가. 주나라 무왕은 이제 도저히 참을 수 없었다. 드디어 무왕은 주나라 5만 대군에 출병을 명령했다.

　　사기가 하늘을 찌르는 무왕의 군대가 상나라의 폭군 주왕의 군대와 마주친 곳은 '목야'라는 지역이었다. '목야 전투'가 시작된 것이다. 그런데 주왕의 대비도 만만치 않아서 무려 70만 대군이 기다리고 있었다. 압도적인 병력 차이에 상나라 주왕은 기세등등했다. 사랑스러운 달기에게 승전보를 전할 수 있다는 생각에 벌써 들떠 있었다. 하지만 전쟁이 시작되자 상황이 달라졌다. 주왕의 군대가 창끝을 돌려 오히려 주왕을 공격하기 시작한 것이다. 알고 보니 상나라 대군의 대부분은 노예이거나 다른 나라

주나라(붉은색)는 호경을 수도로 세력 범위를 상나라(회색)보다 많이 넓혔다. 주나라 수도가 서쪽에 있어 '서주 시대'라고 부른다.

에서 잡혀 온 포로였기 때문에 주왕을 위해 목숨을 바칠 사람은 아무도 없었다. 무왕의 독려와 강태공의 뛰어난 전술 덕분에 단 한 번의 대전으로 상나라는 궤멸되고 말았다. 상나라의 주왕은 불 속에 스스로 뛰어들어 자살했고, 달기는 무왕에게 처형당했다.

목야 전투를 통해 상나라를 물리치고 새롭게 태어난 주나라는 '호경'을 수도로 정하고 넓은 영토를 효과적으로 다스릴 방법을 고안했다. 그것은 왕이 직접 관리하는 지역을 제외한 나머지 땅들을 왕족과 새로운 나라를 세우는 데 공헌한 이들에게 나누어 주어 다스리게 하는 방법이었다. 이것을 '봉건封建 제도'라고 하며 각 지역 우두머리는 '제후'라고 불렀다. 제후들은 각 지역에서 주 왕조에 충성하며 필요할 때 군대를 파견해 주나라를 지키거나, 주왕의 말을 듣지 않는 나라를 단체로 공격하는 역할을 하게 되었다.

# 한번 엎지른 물은 다시 담을 수 없다

안타까운 마음에 아내가 다시
그릇에 물을 담았다고
상상해 보았다.

주나라를 세운 일등 공신인 강태공도 봉건 제도에 의해 '제나라' 지역을 다스리는 제후로 임명되었다. 그가 멋진 제후의 모습을 하고 고향으로 돌아오던 날, 화려한 수레를 타고 밖을 둘러보던 그의 눈에 초라한 행색의 여인이 눈에 띄었다. 바로 자신을 버리고 도망간 아내였다. 강태공은 굳이 신하를 시켜 아내를 수레 앞으로 데려오게 했다. 영문을 모르는 아내는 그저 당황할 수밖에. 강태공은 아내에게 말했다.

　"고개를 들고 나를 쳐다보시오."

　목소리와 얼굴을 보고 아내는 바로 강태공을 알아보았다. 화려한 관복을 입고 있었지만, 남편이 분명했다.

　남편이 이렇게 출세를 하다니. 그녀는 강태공에게 옛정을 생각해서라도 다시 자신을 아내로 맞아 달라고 하소연했다. 사실 수십 년 동안 집안일에 무심하던 자신의 옛 모습을 떠올린다면 충분히 다시 맞이할 수도 있었다. 하지만 강태공은 아무 말 없이 아내에게 물을 한 그릇 떠오게 한 다음 바닥에 쏟아 버렸다. 그리고 말했다.

　"이 물을 주워 담을 수 있다면 그러하겠소."

　하지만 쏟아진 물을 어떻게 다시 담을 수 있겠는가. 당황한 아내에게 강태공은 말했다.

"한번 엎지른 물이 그릇으로 돌아올 수 없듯이 한번 끊어진 부부의 인연은 다시 맺을 수가 없는 법이요."

차가운 제나라 제후 강태공이었다.

여기서 나온 고사성어가 **복수불반분**이다. 엎질러진 물처럼 한번 저지른 일은 후회해도 되돌릴 수 없다는 의미로 사용하는 말이다.

하지만 강태공의 행동에 아쉬운 점이 있다. 끼니조차 마련하지 못할 정도로 가난한 지경에 책만 읽으며 세월을 보내는 남편 때문에 결혼 초부터 생활고에 시달렸을 아내에 대한 배려는 그 어디에서도 찾아볼 수 없다. 다시 부부의 연을 맺진 않더라도 수십 년 동안 강태공을 위해 희생했던 아내의 수고에 대한 보상은 해야 하지 않았을까? 사실 눈에 보이지 않을 뿐 물은 돌고 돈다. 강태공이 엎지른 물은 증발해 공기 중으로 올라갔다가 언젠가 다시 비가 되어 내릴 것이고, 다시 그릇에 받을 수도 있을 것이다. 비록 끝까지 노력해 결과에 이르진 못했어도 노력한 수고만큼의 보상은 반드시 받아야 한다고 생각한다.

고사성어 · 복수불반분
覆엎어질 복 水물 수 不아닐 불 返돌아올 반 盆동이 분

# 절개를 지키기 위해
# 수양산에서 굶어 죽은
# 백이와 숙제

가수 육각수의 노래
<흥보가 기가 막혀> 가사에
위 구절이 있다.

시간을 되돌려 두 명의 선비를 만나고 가자. 목야 전투를
위해 상나라로 씩씩하게 향하던 주나라 군대 행렬을 막는 두 명
의 노인이 있었다. 그들의 이름은 '백이伯夷'와 '숙제叔齊'로 원래
작은 부족의 왕자들이었는데, 소부와 허유처럼 권력이 싫어 왕
위를 거부하고 여기저기 방황하다가 어질다고 소문난 주나라
문왕(강태공을 등용한 주나라 왕)을 찾아오는 길이었다. 그런데 문왕
은 이미 사망한 후였고, 아직 아버지의 제사가 마무리되기도 전
에 그의 아들 무왕이 상나라를 토벌하고자 진군하고 있는 것이
아닌가! 백이와 숙제는 몸으로 군사 행렬을 막아선 후 호통을
치기 시작했다.

　"아버지 제사도 제대로 치르지 않고 전쟁을 하다니 이런 불
효가 어디 있는가! 게다가 주나라는 상나라의 신하 나라인데 신
하가 어찌 왕을 공격하려고 드는 것이냐!"

　그들이 보기에 작은 나라(주나라)가 큰 나라(상나라)를 공격하
는 것은 예절에 어긋난 반역일 뿐이었다. 하지만 진군 중인 병
사를 막아선 것은 무척 무모한 행동이었다. 당장 죽임당한다 해
도 이상할 것이 없는 상황이었다. 하지만 다행히 백이와 숙제는
목숨을 건질 수 있었다. 그들을 의로운 사람들이라 생각한 강태
공이 노발대발하는 무왕과 다른 신하들을 설득하는 데 가까스

로 성공했기 때문이다.

　이후 목야 전투에서 큰 나라 주왕이 패하고, 작은 나라 무왕이 승리하자 백이와 숙제는 반역한 주나라의 곡식을 먹지 않겠다고 선언하고 수양산에 들어가 고사리로 연명했다. 그러나 생각해 보니 고사리도 주나라 땅에서 자라는 것 아닌가! 고사리마저 먹지 못한 백이와 숙제는 굶어 죽고 말았지만, 그들은 후에 소신을 지킨 신하로서 충신의 본보기가 되었다. 백이와 숙제는 판소리 〈흥보가〉에서 가사를 따온 노래로 우리에게 유명해졌다.

# 천금을 들여
# 미소를 사다,
# 천금매소와 거짓 봉화의 결말

포사의 웃음을 얻기 위한 유왕의
충동적인 시도는 결국 나라의
위기를 불러온다.

하나라 걸왕이 말희, 상나라 주왕이 달기라는 여인과 함께 멸망했는데 주나라에도 비슷한 이야기가 펼쳐진다. 한 지역의 영주가 죄를 지어 주 왕실로부터 큰 벌을 받게 되었다. 영주는 자신의 벌을 무마하고자 지역에서 제일 아름다운 미녀를 주나라 왕에게 바쳤다. 그녀의 이름은 '포사'였는데 뛰어난 외모에 대한 수많은 전설이 남았을 정도로 엄청나게 아름다웠다고 한다. 이렇게 한 나라의 운명을 기울게 할 정도의 아름다움을 **경국지색**이라고 한다.

주나라 유왕은 포사를 보자마자 이내 그녀의 아름다움에 압도되어 사랑에 빠졌고, 포사를 위한 것이라면 무엇이든 했다. 유왕에게는 왕위에 오를 태자가 이미 있었지만, 포사가 아들을 낳자마자 태자를 포사의 아들로 바꿀 정도였다. 그런데 그녀의 아름다움을 더욱 돋보이게 하는 것이 있었으니 그것은 그녀의 무표정이었다. 일부러 그랬는지 확실하지 않지만 그녀는 도무지 웃지 않았고, 그녀의 아들이 태자가 되어도 여전히 무덤덤했다. 그런데 그런 모습이 오히려 유왕을 더욱 간절하게 만들었다.

'한 번만 웃는 모습을 볼 수 있다면 무엇이든 하겠어.'

어느 날 시중드는 궁녀의 옷이 나뭇가지에 걸려 찢어졌는데 그 소리를 듣고 포사가 살짝 미소를 지으며 혼잣말로 속삭였다.

'비단 찢어지는 소리가 경쾌해서 마음에 들어.'

포사의 작은 미소와 말에 유왕은 그만 정신을 놓았다. 그는 전국에서 비단을 모아 궁궐에서 찢게 했다. 매일 산더미 같은 비단이 찢겨 나갔지만, 그녀의 미소를 보는 것만으로도 유왕은 행복했다. 물론 그 비단을 바쳐야만 했던 백성의 고통은 이만저만이 아니었다. 이렇게 천금을 주고 사랑하는 여자의 웃음을 구걸해야 했던 유왕의 이야기에서 나온 고사성어가 **천금매소**로 단지 사랑뿐 아니라 쓸데없는 일에 돈과 힘을 낭비할 때도 흔하게 사용한다. 하지만 매일 울려 퍼지는 찢어지는 비단 소리에 싫증이 났는지 어느샌가 웃음기는 사라지고 무표정한 얼굴로 돌아와 유왕을 다시 간절하게 만들었다. 그러던 차에 포사가 조금 더 크게 웃는 일이 생겼다.

주나라는 왕족과 공을 세운 신하에게 땅을 나누어 주고 다스리게 하면서 만약 주나라에 전쟁 같은 위기 상황이 닥치면 병사를 끌고 도와주러 와야 한다는 약속을 맺었다. 그때 주나라의 이상 상황을 알리는 신호가 바로 봉화였다. 높은 산마다 봉화대를 설치해 주나라 봉화대에 불이 붙어 연기가 올라가면 차례차례 근접한 봉화대에 불이 붙으면서 먼 지역까지 소식이 전

---

고사성어　· 경국지색　**傾**기울 경 **國**나라 국 **之**~의 지 **色**빛 색
　　　　　· 천금매소　**千**일천 천 **金**쇠 금 **買**살 매 **笑**미소 소

달되는 방식이었다. 그런데 어느 날, 훈련 중 실수로 주나라 봉화대에 불이 붙었다. 주나라에 위기 상황이 발생한 것으로 오해한 수많은 제후가 군사를 이끌고 밤새도록 달려왔다. 하지만 힘들게 도착한 그들에게 전해진 사실은 잘못 올려진 봉화라는 것. 이를 알게 된 많은 제후와 그들의 병사들은 멍하니 아무 말도 하지 못하고 있었다. 문제는 이때 발생했다. 망연자실한 그들의 모습을 본 포사가 이를 드러내며 제대로 웃기 시작한 것이다. 그 모습을 본 유왕은 정신을 잃을 정도로 감동했다.

'이렇게 아름다울 수가 있다니…….'

그다음부터는 우리가 예상한 대로다. 유왕은 포사의 미소를 한 번이라도 더 보기 위해 양치기 소년처럼 끊임없이 거짓 봉화를 올렸다. 한두 번은 혹시나 해서 달려오던 제후들도 더는 속지 않았다. 이젠 봉화가 올려져도 아무도 오지 않게 되었다. 이럴 때 진짜 긴급 상황이 발생한다면?

포사가 낳은 아들 때문에 태자 자리에서 내쫓겼던 원래 태자의 가문이 유목 민족의 도움을 얻어 반란을 일으켰다. 반란군은 주나라 수도 호경으로 진격했다. 성문을 닫고 급한 마음에 유왕은 봉화를 올렸지만 아무도 그것을 실제 상황이라고 생각하지 않았고, 결국 어떤 제후국도 군사를 보내지 않았다. 유왕은 황망히 포사와 함께 궁 뒷문으로 몰래 빠져나가는 데 성공했으나 멀리 도망치지는 못했다. 유왕은 유목 민족에게 사로잡혀 그 자리에서 살해당했고, 포사는 유목 민족의 대장에게 인도된 후 어떻게 되었는지 확실하지 않다.

포사의 아들이 태자에서 물러나고 원래 내정되어 있었던 태자가 다시 주나라 왕위에 오르니 그가 바로 '평왕'이다. 왕위에 오른 평왕이 맨 처음 해결해야 했던 문제는 유목 민족의 괴롭힘이었다. 반란에 도움을 주었던 유목 민족들이 자신들의 공헌에 대한 대가를 요구하며 주나라를 계속 침략했기 때문이다. 그들의 무리한 요구는 끝이 없었다. 평왕은 지금의 호경에서 조금 안전한 동쪽으로 수도를 옮겨야겠다고 생각했고, 이로써 새롭게 수도가 된 동쪽 도시가 바로 '낙양'이었다. 낙양은 지리적으로도 중국의 중심지였고, 제후들이 주나라를 도와주러 오기에도 더 편리했다.

수도를 옮기면서 주나라 시대도 두 개로 구분됐다. 수도가 호경이었던 주나라 시대를 '서주 시대'라 하고, 낙양으로 옮긴 이후를 '동주 시대'라고 부른다. 쫓기듯 수도를 옮긴 동주 시대의 주나라는 천자의 지위를 많이 잃어버린 상태였다. 주나라 왕실은 쇠약해졌고 전국에 퍼져 있는 제후들은 겉으로는 주나라 지위를 인정하는 듯했으나 실제로는 나중을 기약하며 자신들의 힘을 키우고 있었다. 그 결과 주나라보다 더욱 강력한 제후국들이 등장하는 시대가 열렸고, 이렇게 '춘추 시대'가 시작되었다.

지금까지 본격적인 춘추 전국 시대로 들어가기 전의 이야기를 살펴보았다. 그런데 여기서 눈여겨보아야 할 부분은 하, 상, 주 세 나라의 멸망에서 매우 닮은 점을 찾을 수 있다는 점이

주나라가 수도를 동쪽으로 옮기면서 드디어 춘추 시대가 시작된다.

다. 하나라 걸왕과 상나라 주왕 모두 말희와 달기에 휘둘려 주지육림에 빠졌고, 주나라 유왕도 포사의 미소를 얻기 위해 거짓 봉화를 올린 것이 결국 멸망으로 연결되었다. 이야기의 구조가 너무 유사하다. 이것은 나중에 완성된 이야기를 기반으로 그 앞의 이야기를 재구성했기 때문이다. 포사의 이야기가 먼저 완성되고, 그것을 바탕으로 약간 다르게 달기와 말희의 이야기가 창조되었다는 말이다. 상식적으로 하나의 나라가 한 여인의 간섭으로 망할 리는 없다. 그런데 이런 식으로 이야기가 창조된 까닭은 무엇일까? 어떤 나라가 다른 나라를 침략할 때 백성을 설득할 수 있는 쉽고 간단한 이유가 필요하기 때문일 것이다. 그 나라의 왕이 폭력적이고 잔인하며, 그 왕을 조종하는 경국지색의 팜므파탈Femme fatale 여인이 있었다는 드라마틱한 이야기가 사실이든 아니든 백성이 받아들이기에 안성맞춤인 것이다. 그래서 고전 기록이 명확하지 않은 하, 상, 주나라의 멸망 이야기가 그렇게 비슷하게 창조된 것이 아닐까?

# 춘추 시대의 시작과
# 첫 번째 춘추 오패
# 제 환공

# 춘추 시대와 전국 시대의 차이

춘추 시대에 명맥을 유지했던
주나라의 권위는
전국 시대로 접어들면서
급격히 땅에 떨어졌다.

주나라 평왕이 호경에서 동쪽의 낙양으로 수도를 옮긴 이후를 주나라의 동쪽 시대, 즉 '동주 시대'라고 한다. 그리고 동주 시대는 '춘추春秋 시대'와 '전국戰國 시대'로 나누어진다. 춘추 시대는 우리에게 매우 친숙한 동양 철학자 공자가 남긴 책《춘추》가 바로 이 시기의 이야기를 다루고 있어 붙여진 단어이며, 전국 시대는 전한 말기에 편찬된 유향이라는 학자의 《전국책》에서 유래했다. 그렇다면 춘추 시대와 전국 시대를 나누는 기준은 무엇일까? 그것은 주나라 왕실의 권위를 어느 정도 인정하느냐의 여부인데, 한 종갓집의 예를 들어 이해해 보자.

부자였던 한 종갓집이 자신들의 땅과 재산을 자녀들 부부와 사돈 가문에 나누어 주며 종갓집이 어려운 일을 당했을 때 도와줄 것과 제사를 챙겨 달라는 조건을 덧붙였다. 처음에는 모든 약속이 잘 지켜졌다. 종갓집의 전화 한 통에 모든 자녀가 몰려왔으며 제사는 성대하게 치러졌다. 하지만 시간이 지나 부모 세대에서 자녀 세대로 바뀌면서 분위기도 조금 바뀌기 시작했다. 종갓집의 연락을 가끔 피하고, 종갓집 제사에 참석하는 사람들이 줄어들기 시작한 것이다. 하지만 자녀들의 마음속에서 종갓집의 권위는 여전하며 존중받고 있었다. 그런데 자녀 세대에서 손주 세대로 넘어가면서 종갓집은 위기를 맞았다. 손주들은 더는 종갓집의 어려움을 도와주지 않았으며 제사를 지내러 오지 않았기 때문이다.

춘추 시대는 자녀 세대의 종갓집 대우와 유사하다. 주나라 왕실이 비록 점점 약해지고 있었지만, 제후국에 있어 주나라가 가진 천자로서의 상징성은 여전했다. 즉 주나라를 존중해야 한다는 제후국들의 기본적인 생각은 아직 변하지 않았던 시대였다. 그러나 전국 시대로 넘어가면서 손주 세대의 종갓집 대우처럼, 천자로서의 주나라에 대한 존중이 사라져 버린다. 제후국들에게 예전의 권위가 완전히 사라진 주나라는 더 이상 특별 대우할 필요가 없는 평범한 작은 나라가 된 것이다. 즉 주나라의 상징적 권위가 적게나마 유지되고 있었을 때가 춘추 시대, 권위를 아예 잃은 상태를 전국 시대라고 보면 된다. 그런데 춘추 시대 초기에는 주나라의 상황이 전국 시대와 그다지 다를 바 없었다. 심지어 천자인 주나라 평왕이 신하가 쏜 화살을 맞기도 했을 정도다. 어떤 사연이 있었던 것일까? 주나라와 매우 가까운 곳에 있던 정(鄭)나라 '장공' 이야기로 춘추 시대 이야기를 시작해 보자.

# 황천을 스스로 만든 정 장공과 권위를 잃어 가는 천자

황천에 가기 전까지 어머니를 보지 않겠다는 지난날의 헛된 다짐을 무마하기 위해 정 장공은 황천을 만드는 아이디어를 냈다.

주나라가 유목 민족의 괴롭힘을 피해 낙양으로 수도를 옮기는 과정에서 정나라의 도움을 많이 받았다. 정나라 초대 군주는 주나라 왕(천자)을 보호하고자 자기 목숨을 바치기도 했다. 그래서 정나라 군주들은 대대로 주나라에서 높은 벼슬을 받았으며, 덕분에 춘추 시대 초기에 정나라는 아주 앞서가는 나라 중 하나였다. 정나라의 전성기는 '정 장공'이라는 군주가 이끌었는데, 그는 성장하면서 아픔을 겪었다. 그의 어머니가 그를 꺼림직하게 생각하면서 사랑해 주지 않았기 때문이었다. 왜 그랬을까?

　정 장공의 어릴 때 이름에 실마리가 있다. 그의 이름은 오생[寤잠 깰 오 生날 생]이었는데, 그 의미는 산모가 '잠자는 중에 태어난 아이'라는 뜻이다. 자고 일어났더니 아이가 이미 태어나 있다면 산모가 얼마나 놀랐을까? 정 장공이 이름 그대로 엄마가 잠든 사이에 태어났는지 아니면 산모에게 참을 수 없는 극심한 고통을 안겨 주면서 태어났는데 이름을 반대 의미로 지어 주었는지 현재로선 알 수 없다. 하지만 출산 과정에서 있었던 어떤 문제 때문에 어머니는 맏이로 태어난 정 장공을 꺼렸고 둘째 아들을 더 사랑했다고 한다. 그런데 문제는 이런 어머니의 차별이 단기간에 그치지 않고 왕위가 정 장공에게 계승된 이후에도 계속되었다는 점이다.

어머니는 둘째에게 반란을 일으켜 형을 제거하고 군주가 되라고 부추겼으며, 이 때문에 둘째가 반란을 일으키고 말았다. 정 장공은 어머니의 처사가 매우 야속하고 잔인하다고 생각했다. 그는 둘째의 반란을 신속히 제압하고 어머니를 귀양 보내면서 '**황천**에 가기 전에는' 다시는 그녀를 보지 않겠다고 대내외에 선포했다. 황천이란 사람이 죽은 뒤에 혼이 가서 사는 세상을 말하므로 죽을 때까지 어머니를 보지 않겠다는 절연 선언이었다. 하지만 어머니와 아들의 정이 그렇게 쉽게 끊어질 수 있겠는가! 정 장공은 이내 자기 말을 후회했지만, 군주로서 내뱉은 말을 쉽게 취소할 수도 없어 전전긍긍했다. 그러다 생각해 낸 것이 바로 황천을 만드는 것이었다. 고대 중국인은 땅을 황색이라고 생각했기 때문에 땅을 파서 샘이 나오면 거기가 바로 황천인 셈이었다. 일종의 언어유희였다. 정 장공은 땅을 파서 샘이 나온 곳에 동굴 같은 방을 만들고, 그곳으로 어머니를 모셔 와 화해한 후 극진히 모셨다고 한다. 여기까지는 감동적인 이야기이다.

정 장공의 아버지는 충신으로, 주나라 재상이라는 벼슬을 맡아 천자를 극진히 모셨다. 그러나 정 장공은 천자와 가깝다는 권위를 이용해 정나라의 힘을 키우는 데 주력했다. 주나라의 권위와 군사를 이용해 다른 나라들을 윽박지르고 공격하기도 했

고사성어 · 황천　黃누를 황 泉샘 천

다. 이를 알아차린 주 평왕은 정 장공이 가지고 있던 권력의 반을 다른 신하에게 줌으로써 그의 권력을 견제하려고 했다. 그런데 사실을 알아차린 정 장공이 주 평왕에게 노골적으로 반감을 드러내자 주 평왕은 자기 계획을 모두 취소하고 소원해진 관계를 회복하고자 자기 아들과 정 장공의 아들을 인질로 교환해야 했다. 천자가 신하의 위협에 굴복해 자식을 볼모로 보내야 할 정도로 주나라의 권위가 매우 약한 상황이었음을 알 수 있다.

하지만 주나라와 정나라의 감정싸움은 마무리된 것이 아니었다. 주 평왕의 뒤를 이어 천자로 등극한 주 환왕이 아버지의 수모를 복수하기 위해 기어이 정 장공의 권력을 나누어 다른 신하에게 넘긴 것이다. 가만히 있을 정 장공이 아니었다. 그는 병사들을 시켜 주나라 땅에서 자라는 곡식을 버젓이 훔쳐 갔다. 신하가 당당하게 천자의 물건을 훔친 것이다! 이런 감정싸움이 결국 전쟁으로 이어져 주 환왕은 다른 제후국들과 함께 정나라를 공격했고, 급기야 반격하던 정 장공의 장군이 날린 화살에 어깨를 다치고야 말았다.

'어? 이건 너무 나갔는데?'

당황한 정 장공은 화살을 쏜 장군에게 벌을 내리고 주 환왕에게 사죄했고, 주 환왕 역시 마지못해 용서했다. 하지만 중국 전체를 다스리는 천자로서의 위엄과 권위는 이미 크게 손상을 입은 후였다. 하지만 정나라의 힘이 점점 약해지고 천자를 받들어 모시는 제후들의 세력이 급성장하면서 분위기가 반전되기 시작했다.

# 춘추 시대 다섯 명의 패자, 춘추 오패

황하

진晉

황하

제

낙양●

위수

회수

한수

초

오

장강

월

주나라 수도 낙양과
춘추 오패의 위치

71

주나라는 왕족과 공을 세운 이들에게 땅을 나누어 주고 제후로 임명했는데, 이렇게 건국된 제후국이 주나라 초기에는 140여 개 정도였다고 한다. 그런데 제후국들의 세력 다툼이 계속되면서 이견을 조율하고 이것을 지키기 위해 약속을 맺는 모임이 필요해졌다. 이러한 모임을 **회맹**이라고 불렀다. 맹세를 위해 모인다는 뜻이었고, 회맹을 주최하는 나라의 제후를 '패자'라 하였다. 여러 나라를 모이게 해 서로 지켜야만 하는 약속을 만든다는 것은 아주 강한 세력이 아니고선 쉬운 일이 아니었다. 춘추 시대의 여러 나라 중에서 회맹을 주도할 정도로 강한 세력을 가진 다섯 개의 나라가 등장했으니, 이들을 특별히 '춘추 오패春秋五覇'라고 부른다. 이들은 약간의 시간 차이를 두고 큰 세력을 형성했는데, 첫 번째로 등장한 춘추 오패의 주인공은 '제나라'였다. 제나라는 강태공이 주나라 건국에 기여하고 받은 나라로, 강태공의 후손들이라고 할 수 있겠다.

고사성어 　・회맹 　**會**모일 회 **盟**맹세 맹

# 관중과 포숙의 깊은 우정, 관포지교

관중은 '낳아 주신 분은
부모님이지만
나를 진정으로 알아주는 사람은
포숙'이라는 말을 남겼다.

제나라의 제후 희공에게는 아들이 셋 있었는데, 이름이 제아, 규, 소백이었다. 당시 관습대로 왕위는 첫째인 제아가 이어 받기로 되어 있었는데, 이렇게 왕위를 이을 왕자를 '태자'라고 하고 규나 소백처럼 왕위를 잇지 않는 왕자들은 '공자'라고 한다. 공자인 규와 소백에게는 각각 스승이 있었는데 둘째 규의 스승 이름은 '관중'이었고, 셋째 소백의 스승 이름은 '포숙'이었다. 스승인 관중과 포숙은 친구 사이의 깊은 우정을 뜻하는 **관포지교**라는 고사성어를 통해 우리에게 알려진 인물들이다.

　하지만 우리가 예상하는 아름다운 우정과 달리 관중과 포숙의 관계는 일방적으로 포숙이 배려하고 양보하면서 유지되었던 불평등한 우정이었다. 둘이 같이 장사해 얻은 이익금을 관중이 대부분 가져가도 포숙은 '관중이 더 가난하기 때문'이라고 생각했고, 포숙의 돈으로 관중이 사업을 하다 돈을 모두 잃어도 포숙은 '장사는 잘될 때가 있고 안될 때도 있다'라면서 관중을 두둔했다. 관중이 벼슬을 하다가 세 번이나 군주에게 쫓겨났을 때에도, 전쟁터에서 세 번이나 뒤돌아 도망쳤을 때에도 포숙은

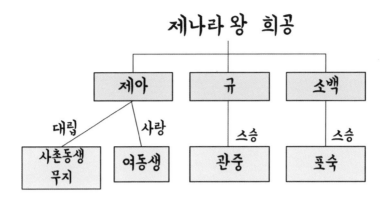

제나라 인물 관계도

언제나 관중의 편을 들었다. 그래서 관중은 항상 이렇게 이야기했다고 한다.

"나를 낳아 주신 분은 부모님이지만, 나를 진정으로 알아주는 사람은 포숙이다."

포숙은 왜 관중과의 우정을 위해 이렇게 많은 것을 양보해야만 했을까? 그것은 포숙이 진심으로 관중의 능력을 높게 평가했기 때문이었다. 자신과 친한 친구가 나보다 더 뛰어나다는 것을 알게 될 때가 있다. 그를 가까이하는 게 좋을까? 아니면 멀리하는 게 좋을까? 앞으로 진행될 춘추 전국 이야기에서는 이질문에 아주 다양한 선택을 하는 사람들이 나오는데, 그들의 선택 결과를 보면 질문의 답을 얻는 데 도움이 될 것이다.

포숙은 자신보다 뛰어난 관중을 더욱 가까이하기로 했다. 좋은 가문 출신에 사회성도 좋았던 포숙은 항상 관중보다 먼저 출세해 윗사람에게 관중을 추천하곤 했는데, 관중이 맡았던 제나라 둘째 왕자 규의 스승 자리도 셋째 왕자 소백의 스승으로 있던 포숙의 추천으로 이루어진 것이었다. 결과적으로 본다면 포숙의 판단은 매우 정확한 것이었고, 제나라에 최선의 결과를 가져다주었다.

# 참외가 익을 때의
# 약속을 지키지 않아
# 몰락한 제 양공

참외가 익을 때 임무를 교대해
준다는 약속을 어기지 않았던 제
양공 때문에 병사들은 분노했다.

제나라 태자 제아에게는 두 가지 근심거리가 있었다. 하나는 아버지인 희공이 제아의 사촌 동생인 '무지'를 아들처럼 좋아한다는 점이었다. 그 정도가 지나쳐 희공은 무지를 태자인 제아와 똑같이 대우하라는 명령을 내렸다. 그래서 제아와 무지는 같은 옷을 입고 같은 음식을 먹고 같은 교육을 받았다. 사실 이것은 무지를 우대한 게 아니라 태자의 권위를 무시하는 것이었고, 다음 군주인 태자를 위협할 수 있는 미래의 싹을 자라게 하는 것이었다. 하지만 무지는 그런 대우를 당연하게 받아들였다. 제아가 가진 두 번째 근심거리는 자기 여동생을 진심으로 사랑했다는 점이다. 비록 어머니는 달랐지만 가족인 여동생을 사랑하는 것은 당시에도 받아들여지지 않았던 금기 사항이었다. 결국 여동생은 제나라 옆에 있는 노나라 제후에게 시집을 갔고 그들의 사랑은 이루어지지 못했다.

기원전 697년, 희공이 죽고 태자 제아가 뒤를 이어 제나라 군주 '양공'이 되었다. 제 양공은 즉위하자마자 사촌 동생인 무지가 자신과 똑같이 받고 있던 대우들을 없앴다. 벼르고 벼르던 일이었다. 하지만 무지는 오히려 자신의 권리를 양공이 빼앗아 갔다고 생각했다. 그는 불만에 가득 찼고 언젠가는 반드시 복수하리라 다짐했다.

무지 문제를 해결해 첫 번째 고민이 사라진 양공에게 두 번째 고민도 해결할 기회가 찾아왔다. 시집갔던 여동생이 남편인 노나라 제후와 함께 제나라를 방문한 것이다. 시집간 후 15년이나 만나지 못했지만, 오빠와 여동생의

제나라의 공자 규와 소백은 서로 다른 나라로 스승과 함께 도피했다.

사랑은 여전히 현재 진행형이었다. 결국 그들의 애정 행각을 노나라 제후에게 들키고 말았다. 제 양공과 여동생인 노나라 왕비 사이의 금지된 사랑이 만천하에 드러나자 왕의 체면은 바닥으로 떨어졌다. 망신도 이런 망신이 없었다. 하지만 양공은 여동생과의 사랑을 지키기 위해 더욱 최악의 선택을 했다. 그것은 자기 아들을 시켜 여동생의 남편인 노나라 제후를 살해한 것이었다. 너무나도 즉흥적이고, 사악한 처사였다.

모든 사실을 알게 된 노나라는 제나라에 엄청난 분노를 쏟아냈다. 이를 무마하기 위해 양공은 모든 잘못을 아들에게 뒤집어씌우고 아들을 처형했다. 그러면서도 양공은 여동생과의 사랑을 이어 갔다. 양공의 앞뒤 가리지 않는 충동적인 성격과 문란한 사생활 때문에 제나라의 모든 것이 엉망으로 흘러갔고, 왕

의 권위가 흔들리기 시작했다. 권위가 위협받을수록 왕은 의심이 많아진다. 그리고 그 의심은 자기 자리를 위협할 수 있는 형제에게로 향할 수밖에 없다. 이 같은 분위기를 눈치챈 둘째 규와 셋째 소백은 위험을 느끼고 제나라를 탈출하기로 결심했다. 규는 스승 관중과 함께 약간 멀지만 큰 노나라로, 소백은 스승 포숙과 함께 가깝지만 작은 거나라로 망명했다. 여기서 규가 제나라와 사이가 좋지 않았던 노나라로 굳이 피신한 이유는 무엇일까? 사실 노나라는 제 양공에 분노한 것이지 제나라에 분노한 것이 아니었으므로 공자 규를 이용해 제 양공을 쫓아내고 제나라에 친노나라 정권을 세운다는 속마음을 품고 있었다. 그런데 스승인 관중이 이런 상황을 모두 꿰뚫어 보고 규에게 노나라로의 피신을 권유했던 것이다.

왕권이 위험하다고 생각한 양공의 판단은 정확한 것이었으나 자신을 위협하는 인물이 두 동생이라는 예상은 완전히 빗나갔다. 양공을 위협했던 것은 바로 '잘 익은 참외'였다. 내막은 이렇다. 제 양공은 '연칭'과 '관지보'라는 장수들에게 변방에서 근무하라는 명령을 내린 적이 있었다. 두 장수는 갑작스러운 지방 파견이 못마땅했지만, 어명이니 따를 수밖에 없었다. 대신 양공에게 언제까지 변방 근무를 해야 하는지 물었다. 마침 참외를 먹고 있었던 양공은 건성으로 대답했다.

"지금 참외가 맛있구나. 내년에 참외가 다시 익을 때 교대해 주마."

어느덧 1년이 지났다. 변방에 있는 연칭과 관지보에겐 엄청나게 긴 인내의 시간이었을 것이다. 그들은 양공에게 잘 익은 참외를 바치며 부푼 기대 속에 교대를 요청했지만 돌아오는 건 차가운 대답뿐이었다.

"군사의 임무를 정하는 것은 왕의 뜻이다. 어찌 너희 마음대로 요구하는가? 다시 참외가 익을 때 교대해 주겠다."

오이가 익으면 대신할 사람을 보내 준다는 뜻의 **급과이대**는 여기서 유래한 사자성어로, '굳은 약속을 지키지 않는 것'을 의미한다. 아예 2년 동안 근무하라는 것과 1년인 줄 알았으나 1년이 더 늘어난 것은 엄연히 다른 문제이다. 이건 겪어 본 사람은 공감할 것이다. 더구나 이대로라면 1년이 10년이 될지 어떻게 알겠는가? 양공의 무신경한 처사에 분노한 연칭과 관지보는 무지를 끌어들였다. 무지는 태자 대우를 받다가 한순간에 몰락한 이후로 제 양공을 무너뜨릴 날만 손꼽아 기다리고 있었다. 이렇게 의기 투합한 연칭과 관지보, 무지는 기원전 686년 궁중에 침투해 숨어 있던 양공을 제거하고 반란에 성공했다.

이렇게 규와 소백이 다른 나라에 피신해 있는 동안 제나라의 정권이 바뀌었고, 무지가 제나라의 새로운 군주가 되었다. 하지만 왕이 될 그릇은 하늘이 내는 법이다. 무지는 권력을 장악

고사성어  ·**급과이대**  **及**미칠 급 **瓜**오이 과 **而**어조사 이 **代**대신할 대

하는 데 실패했고, 왕이 된 지 한 달 만에 다른 신하들에게 살해당했다. 반란에 성공하고 거들먹거리던 연칭과 관지보 역시 같은 운명을 맞았다. 이렇게 1년도 안 되어 제나라는 다시 왕이 없는 나라가 되었다. 왕의 자리를 비워 둘 수는 없는 법, 망명해 있는 왕자들이 다시 돌아와야 했다. 멀리 있는 노나라에서 관중의 지시를 받는 둘째 규가 돌아와 먼저 왕권을 획득할 것인가 아니면 가까이 있는 거나라에서 포숙의 지시를 받는 셋째 소백이 돌아와 획득할 것인가? 두 왕자의 피말리는 귀환 전쟁이 시작되었다.

# 관중,
# 소백을 암살하려 하다

관중의 화살은 정확히 소백의
배를 타격했다.

규과 소백, 둘째와 셋째 왕자의 귀환 전쟁이 시작되었다. 여동생과의 사랑을 위해 자국 군주를 죽인 양공에 대한 분노가 아직 가시지 않은 노나라에서는 그곳에 망명 중인 둘째 왕자 규를 군주 자리에 앉게 해 제나라에 친노나라 정권을 세우고 싶었다. 노나라는 자국 군사를 빌려줘 규의 제나라 복귀를 후원했다. 그런데 문제는 시간이었다. 관중이 생각하기에 제나라 국경과 좀더 가까운 소백이 먼저 도착할 가능성이 더 컸다. 특단의 대책이 필요했다. 관중은 별동대를 조직해 서둘러 출발했는데, 목적지는 제나라가 아니었다. 관중은 소백이 제나라로 오는 길에 매복하고 있다가 그를 암살할 계획이었다. 관중은 인간의 도리보다는 자신의 목적에 충실하게 사는 사람이었다.

관중의 음모를 전혀 모르는 소백은 아무런 의심 없이 관중이 매복하고 있는 곳으로 향하고 있었다. 셋째였던 소백은 사실 형님이 왕위를 이어도 큰 문제없을 것 같았다.

'먼저 도착하더라도 멋지게 형에게 양보할까?'

그때 갑자기 화살 하나가 소백을 향했다. 소백의 목숨을 노린 관중의 화살이었다. 화살은 방심하고 있던 소백의 복부 한가운데를 정확히 가격했고, 커다란 허리띠의 장신구에 맞는 소리와 함께 소백은 순식간에 말에서 떨어져 더는 움직이지 않았다.

지켜보던 관중은 나지막이 말했다.

"성공이다. 소백이 죽었다. 이제 제나라는 규 왕자의 것이다."

소백을 암살하는 데 성공했다고 생각한 관중은 규에게 돌아가 지원받은 노나라의 군사를 이끌고 여유 있게 제나라를 향해 출발했다. 하지만 관중과 규 일행이 제나라에 도착했을 때 성문은 굳게 닫혀 있었다. 이미 죽은 줄 알았던 소백이 제나라에 먼저 도착해 성문을 걸어 잠근 것이었다. 어떻게 된 것일까? 사실 소백은 화살을 맞는 순간 암살 시도라는 것을 직감했다. 그런데 다행히 화살이 허리띠 금속에 맞고 튕겨 나가자 말에서 떨어져 죽은 척하여 암살자를 속여 넘긴 것이다. 그런 긴박한 상황에서 임기응변을 구사할 수 있었던 소백은 이미 왕의 자질이 있었는지도 모르겠다. 관중과 규 일행은 노나라 병사들의 힘을 빌려서라도 제나라 왕좌를 차지하려고 했지만, 그들은 제나라 정규군의 공격에 상대가 되지 않았다. 원래 제나라는 병법의 달인 강태공의 후손이었던 것이다. 공격은 모두 실패로 돌아갔고, 반란의 주모자가 된 둘째 왕자 규는 결국 처형을 당했다.

이제 규의 스승인 관중이 처형될 차례였다. 소백은 자신에게 화살을 날린 암살자가 관중이라는 사실을 알고 신속하게 처형을 집행하려 했으나 포숙이 말렸다. 포숙은 오랜 친구인 관중을 살리고자 조심스럽게 말을 꺼냈다.

"주군께서 오직 제나라만의 왕이 되려 하신다면 이 포숙 한 사람의 힘으로도 충분합니다. 하지만 만약 천하의 지배자가 되려 하신다면 관중이 꼭 필요합니다."

자신을 낮추면서 친구의 능력을 한껏 칭찬하는 진심이 담긴 말이었다. 과연 그 말을 들은 소백의 마음이 움직였을까? 잠시 시간이 흘렀다. 소백에게서 탄식과 함께 짧은 말이 흘러나왔다.

"관중을 풀어 주어라."

그리고 천하를 지배하고 싶었던 소백은 관중을 제나라의 모든 것을 관할하는 재상으로 임명했다.

# 제 환공,
# 협박에 의한
# 약속도 받아들이다

환상의 파트너 제 환공과 관중

기원전 685년, 소백이 드디어 제나라 군주 '환공'이 되었다. 여기서 잠시 군주의 호칭에 대해 살펴보자. 소백의 아버지도 희공, 형도 양공이었다. '제나라'라는 한 나라의 번듯한 왕이지만 왕이라 부르지 않고 제후를 뜻하는 '공公'이라는 명칭을 사용하는 것이다. 여기에는 천자인 주나라의 왕을 존중한다는 의미가 담겨 있다. 그래서 춘추 시대 중국 중심부에 위치하는 국가의 군주들은 대부분 '공'이라는 호칭을 사용했다. 하지만 중국 주변부에 위치하는 이민족은 주 왕실을 특별히 존경할 필요가 없다. 그래서 그들의 우두머리는 왕이라는 명칭을 거리낌 없이 사용했다. 이렇게 우두머리가 어떤 명칭으로 불리는지에 따라 주 왕실을 존중하는지의 여부까지 알 수 있다. 춘추 시대가 지나 주나라에 대한 예의가 사라지는 전국 시대에 이르면 모든 나라가 왕이라는 호칭을 자유롭게 사용한다. 그리고 전국을 통일한 진나라 왕은 '황제'라는 새로운 명칭을 만들어 내기에 이른다.

　제 환공의 신임 아래 제나라를 책임지는 재상이 된 관중의 능력이 빛을 발하기 시작했다. 더욱 인상적인 것은 왕을 다루는 관중의 능력이었다. 관중은 다른 나라의 신하들처럼 왕에게 도덕적인 잔소리를 거의 하지 않았다. 어느 날 제 환공은 관중에게 물었다.

"이보게 관중, 과인은 사냥을 좋아하고 여자와 노는 것을 매우 좋아하는데 이것이 제나라가 천하를 다스리는 데 방해가 될 것 같은가?"

"전혀 방해되지 않습니다. 하던 대로 하십시오."

관중은 단호하게 대답했다. 신이 나서 만면에 웃음을 띤 제 환공의 질문이 이어졌다.

"그러면 천하를 다스리는 데 방해가 되는 것은 무엇인가?"

기다렸다는 듯이 관중은 말을 이었다.

"첫째, 현명한 인재를 알아보지 못하는 것, 둘째, 알아보고도 중요한 일을 맡기지 않는 것, 셋째, 일을 맡기고도 그 옆에 소인배를 방치하는 것이 방해입니다."

관중이 그 세 가지 방해물을 완벽하게 차단하고 나라 살림을 꾸리자 제 환공은 거칠 것 없이 주변 나라를 정복해 나갈 수 있었다. 둘은 환상의 파트너였다. 포숙은 자신의 사람 보는 눈이 정확함을 다시 한번 느꼈다. 하지만 떠올리고 싶지 않은 생각이 계속 그의 머리에 맴돌고 있었다.

'만약 관중이 먼저 죽으면 제 환공은 어떻게 될 것인가?'

노나라와의 전쟁에서 있었던 일이다. 환공에게 있어 노나라는 형㉠을 지원함으로써 자신의 왕위 세습을 반대했던 나라였기 때문에 반드시 보복해야 하는 대상이었다. 제나라는 노나라를 거칠게 몰아붙여 결국 전쟁을 승리로 이끌었고 전쟁을 마무리하기 위한 회담 자리가 마련되었다. 노나라 왕이 패배를 시인하고 노나라 땅 일부를 바치기로 약속한 시간이 되었다. 승리한 제 환공은 입가에 흐뭇한 미소를 띠었다.

그런데 노나라 왕이 땅을 제나라에게 바치려던 그 순간 갑자기 단상 아래에 있던 노나라의 장수 하나가 갑자기 뛰어올라 날카로운 단검을 환공에게 들이댔다. 찰나의 순간이라 제나라 병사들은 미처 대응하지 못했다. 환공은 침착하게 장수에게 말을 꺼냈다.

"무엇을 원하는가?"

칼을 들이댄 이는 '조말'이라는 장수였다. 조말은 자신의 행동으로 자신뿐 아니라 가족까지 모두 처형될 것을 알고 있었다. 하지만 그는 노나라를 진심으로 사랑했고, 마지막 수단으로 무모한 행동을 통해서라도 나라의 땅을 지키고 싶었다. 조말은 대답했다.

"강하다고 약한 나라들을 멋대로 침략하는 것이 진정으로 정당한 일이라 생각하오? 어찌 제멋대로 약한 나라들을 점령하는 것이오? 내 나라에 빼앗은 땅을 돌려주시오!"

조말의 논리는 약간 억지스러웠지만, 노나라가 '예절의 철학자' 공자의 나라임을 감안하면 이해할 수는 있다. 목에 칼을 들이댄 상황에서 환공은 조말을 진정시켜야 했다. 그래서 일단 알겠다고 대답할 수밖에 없었다. 원하는 대답을 들은 조말은 칼을 그 자리에 내려놓고 아무 일도 없었다는 듯 자신의 자리로 돌아와 앉았다. 이제 조말의 운명은 제 환공의 판단에 달려 있었다.

환공은 생각했다.

'이것은 협박으로 강요당한 약속이다. 내가 이 약속을 지킨다면 주변 나라들이 얼마나 나를 우습게 볼 것인가?'

그러자 그의 생각을 마치 들여다본 듯한 관중이 환공에게 말을 건넸다.

"약속을 지키셔야 합니다. 눈앞의 작은 이익을 위해 믿음과 의리를 버린다면 천하의 도움을 잃게 될 것입니다. 약속대로 돌려주신다면 제나라에 참다운 이익을 가져다줄 것입니다."

이렇게 노나라는 빼앗길 뻔한 땅을 되찾았고, 이 소문은 주변 나라로 급속히 퍼져 나갔다. 주변 나라의 반응은 관중의 예상대로였다. 그들은 환공을 우습게 보지 않았으며 오히려 협박에 의한 약속까지 지키는 모습을 신뢰했다. 많은 나라가 제나라에 선물을 보내고 기일을 정해 준다면 회맹에 참석하기로 약속했다. 이런 과정을 통해 제나라는 춘추 시대의 첫 번째 패자라는 지위에 더욱 다가설 수 있게 되었다. 과연 관중의 판단은 정확했다.

관중의 정확한 판단은 정치, 외교에만 국한된 것이 아니었다. 그는 국가의 경제력을 매우 중요하게 생각했다. 제나라가 바다와 가까웠기 때문에 농업보다 어업과 소금 생산업을 더 중요하게 생각했고, 특산물들이 활발하게 유통될 수 있도록 상공업과 무역업을 장려했다. 관중은 군사 정책 또한 매우 중요하게 생각했다. 상벌에 대한 기준을 세워 전쟁에서 공을 세운 병사들에게 약속한 보상을 정확히 하사했다. 능력 있는 장수와 그의 가족들을 사회적으로 극진히 대우해 군인이 전쟁에 나가서 죽을 각오로 싸우는 것을 부끄럽지 않게 만들었다. 이것은 모두 제나라의 국력을 강하게 하는 데 크게 기여했다. 중국 역사상 최고로 평가받는 전설적인 명재상 관중은 이렇게 자기 역할을 톡톡히 해냈다. 덕분에 제나라는 계속 강해졌다.

# 학을 사랑한
# 군주와 부복납간

학을 사랑한 군주 위나라 의공의
결말은 좋지 못했다.

주나라 제후국 중 하나인 위나라에 독특한 군주가 있었다. 바로 학을 사랑한 군주 '의공'이었다. 그는 학의 아름다운 자태에 감동하여 반려동물로 키우는 것에 그치지 않고 학을 위한 공원을 궁 안에 짓고 백성에게 학을 바치게 했다. 학에게 값비싼 수입산 먹이끼지 먹였으니, 그 모든 부담은 백성에게 돌아갔다. 그뿐만이 아니었다. 학의 아름다운 몸가짐에 따라 벼슬과 월급까지 하사했다. 심지어 자신이 행차하는 수레에도 학을 태우고 다녔으니 신하와 백성들은 "이게 정녕 백성을 위한 나라인가 학을 위한 나라인가."라며 망연자실할 뿐이었다.

　　북쪽의 이민족이 위나라로 쳐들어왔다. 의공은 당황하여 군대를 소집하였는데 백성들은 이렇게 말했다고 한다.

　　"왕이 키우는 학 중에 장군 벼슬을 받은 학도 있으니 걔네 보고 싸우라고 하십시오."

　　백성의 냉소 속에서 어렵게 군대를 소집한 의공은 이민족과의 싸움에서 크게 패했고 결국 자신도 전사했다. 백성보다는 학을 사랑한 군주다운 최후였다.

　　한편 다른 나라에 사신으로 갔다가 돌아온 위나라의 충신 '홍연'은 자기 나라가 끔찍하게 파괴당하고 왕이 사망했다는 사실에 큰 충격을 받았다. 하지만 이내 정신을 차리고 성대한 장례식을 치르기 위해 왕의 시신을 찾아 나섰다. 홍연은 군인들의 시체가 흩어져 있는 전쟁터를 한참 헤매다 드디어 부러진 대장기 옆에서 왕의 시신을 발견할 수 있었다. 그런데 위 의공의 시신은 너무 참혹하게 훼손돼 있었으며, 그나마 형체를 확인할 수 있는 장기는 오로지 간뿐이었다. 홍연은 왕의 간을 향해 큰절을 올리며 대성통곡했다.

'죽음의 순간에 대왕께서는 얼마나 고통스러우셨을까? 나는 그 순간에 어찌하여 그의 옆을 지키지 못한 것인가!'

홍연이 생각하기에 왕의 간만으로는 성대한 장례를 치를 수 없었다. 적당한 관을 찾기가 어렵기 때문이었다. 왕을 곁에서 지켜드리지 못한 것도 큰 죄인데 장례마저 제대로 치르지 못한다면 하늘의 벌을 피할 수 없을 것이었다. 잠시 고민하던 홍연은 칼을 빼서 자신의 배를 가르고 배 속에 위 의공의 간을 집어넣어 죽음을 맞았다. 그는 자기 몸을 왕의 관으로 사용할 수 있도록 바친 것이다. 이렇게 위 의공은 홍연의 몸 안에서 장례를 받을 수 있었다. 그는 비록 학에 대한 지나친 애착으로 비난받았지만, 위 의공에겐 홍연 같은 충성스러운 신하가 남아 있었다. 생명을 바쳐서까지 왕에게 지극히 충성했던 홍연의 이야기에서 유래한 고사성어가 **부복납간**이다. 이민족과의 전쟁이 끝난 후

---

고사성어　·**부복납간**　　剖쪼갤 부 腹배 복 納받아들일 납 肝간 간

살아남은 위나라 백성은 고작 700여 명이었다. 제 환공은 위나라의 딱한 사정을 듣고 군사를 보내 위나라를 보호하면서 그들이 다시 일어설 수 있도록 아낌없이 후원했다.

# 제 환공,
# 춘추 시대
# 첫 번째 패자가 되다

제 환공은 초나라를 제압해
패자로 자리 잡을 수 있었다.

이민족이 위나라를 비롯한 중국 민족을 계속 위협하자 제나라 환공은 드디어 움직이기 시작했다. 이민족이 주왕의 제후국을 공격한다는 것은 곧 주나라 왕실을 위협하는 것이기 때문이다. 주왕을 받들어 오랑캐를 물리치자는 뜻의 **존왕양이**를 슬로건으로, 환공은 이민족들을 물리치고 다시 위나라를 부흥시켰다. 이로써 환공은 제후들의 지도자가 되었고, 주나라의 천자를 대신해 춘추 시대 천하의 질서를 지키는 패자 역할을 하게 되었다.

　　중국 민족이 가장 두려워했던 이민족은 중국 남쪽에 자리 잡고 있던 초나라였다. 초나라의 위협을 해결하지 않고는 진정한 패자로 인정받을 수 없다고 판단한 제 환공과 관중은 다른 제후국과 연합해 초나라 정벌에 나섰다. 기원전 656년이었다. 제나라 연합군의 기세등등한 모습에 초나라는 일단 한발 물러서기로 했다. 초나라도 앞으로는 주나라를 잘 섬길 것이며, 공물을 성실히 바치겠다고 약속한 것이다. 제나라의 기세에 눌린 듯한 초나라의 반응에 많은 제후국이 제나라를 진정한 패자로 인

고사성어　·존왕양이　尊공경할 존 王왕 왕 攘물리칠 양 夷오랑캐 이

정했다. 이를 바탕으로 제나라가 주도해 기원전 651년 역사적인 첫 번째 회맹이 열렸다. 회맹이란 제후국 사이에 문제가 발생했을 때 여러 나라가 모여 해결 방안을 회의하는 모임으로, 이것을 주도한다는 것은 제나라가 춘추 시대의 실질적인 패자가 되었음을 증명하는 것이었다. 회맹을 통해 모인 제후국들은 제나라의 주도하에 동맹의 우호를 다졌으며, 이때가 제 환공과 관중의 최고 전성기였다.

# 관중과
# 제 환공의 죽음

춘추 시대 첫 번째 패자인 제
환공은 관중의 조언을 따르지
않아 비참한 최후를 맞아야 했다.

100

관중이 나이가 들자 환공은 그에게 자신을 도와줄 사람을 추천해 달라고 했다. 관중은 생각했다. 오랜 친구 포숙은 어떨까? 관중이 생각하기에 포숙은 정직하고 청렴결백한 최고의 재상이 될 가능성이 높았다. 하지만 동전에 양면이 존재하듯 포숙의 장점은 곧 단점이기도 했다.

'포숙은 융통성이 없어 자신의 기준에 맞지 않는 간신배들을 제대로 다룰 수 없을 것이다.'

관중은 오래 고민했지만 적절한 사람을 추천하지 못했다. 단, 절대 가까이하지 말아야 세 명의 간신을 환공에게 일러두었다.

첫 번째 간신은 음식과 요리를 잘하는 것까지는 좋았는데, 왕을 기쁘게 하기 위해 자기 자식을 삶아 요리로 만든 엽기적인 '역아'였다. 여기에서 **역아증자식군**이라는 끔찍한 고사성어가 탄생했다. 왕의 입장에서야 나를 위해 자식을 죽일 정도로 충성심이 높다고 생각할 수도 있겠지만, 무엇보다 괴물이 아닌 인간이어야 하지 않겠는가. 아부에도 어느 정도 선을 지켜야 하는 법이다.

**고사성어** · 역아증자식군
**易牙**역아 **蒸**찌다 증 **子**아들 자 **食**먹을 식 **君**임금 군

두 번째 간신은 자신의 나라를 버리고 온 '개방'이었다. 개방은 원래 학을 사랑했던 군주 위나라 의공의 아들이었다. 그런데 제 환공에게 예물을 바치기 위해 제나라로 왔다가 강대국의 부유함에 혹해 벼슬자리를 받고 그냥 눌러앉았다. 환공은 다른 나라 지도자의 아들이 제나라를 선택한 것을 좋은 의미로 받아들였지만, 관중의 생각은 달랐다. 태어난 나라와 부모를 쉽게 포기하는 사람이 이 나라에서 권력과 재물 말고 무엇을 더 탐하겠는가? 관중은 환공에게 개방과 가까이하면 나라에 근심거리가 생길 것이라 강조하고 또 강조했다.

마지막으로 관중이 멀리하라 했던 세 번째 간신은 제 환공을 모시고자 스스로 거세하여 환관이 된 '수초'이다. 관중은 이번에도 인간의 정상적인 도리를 강조했다.

"자신의 몸을 소중히 여기지 않고 스스로 불구로 만드는 사람을 어떻게 믿을 수가 있겠습니까?"

하지만 관중이 사망하고 나서 제 환공의 판단력은 점점 흐려졌다. 그리고 관중이 반드시 멀리하라고 했던 세 명의 간신, 즉 자식을 죽여 요리한 역아, 나라를 버리고 온 개방, 출세를 위해 거세를 한 수초가 모두 제 환공의 곁으로 왔다. 그리고 그들과 도저히 어울릴 수 없었던 포숙은 스트레스를 받아 홧병으로 사망했다. 포숙에 대한 관중의 예상이 틀리지 않았던 것이다.

제 환공의 몸이 약해지자 권력 투쟁의 불씨가 커졌다. 제 환공은 아내와의 사이에서는 아들을 보지 못했고, 첩에게서 낳은 10여 명의 공자가 있었다. 이들은 모두 동등한 처지였기 때문에 누구나 다음 군주 자리를 욕심내고 있었다. 따라서 이들의 권력 다툼을 방지하려고 관중은 살아 있을 때 가장 지혜로운 공자 한 명을 태자로 미리 정해 두었다. 그런데 첩 중 한 명이 간신들과 짜고 자기 아들을 새로운 태자로 세우려 하자 간신들 사이에서 본격적인 권력 다툼이 시작되었다.

관중이 그토록 반대했던 세 명의 간신들은 이런 지저분한 권력 다툼을 제 환공이 알지 못하도록 그를 밀실에 가두고 어떤 음식도 주지 않았다. 제 환공은 질병과 배고픔으로 죽어 가면서 관중과 함께했던 찬란했던 시간을 떠올렸다. 영광의 시간이었다.

'한 번도 그의 말을 거역한 적이 없건만 왜 간신들을 가까이하지 말라는 조언만은 지키지 않았을까? 내 무슨 낯으로 하늘에서 관중을 만날 수 있을까?'

기원전 643년 가을, 환공은 그렇게 굶어 죽었다. 환공이 죽자 그가 병석에 있을 때부터 다투던 다섯 공자의 권력 투쟁은 더욱 심해져 전쟁이 되었다. 두 달이 넘어가는 왕좌 다툼 속에 환공의 장례식은 치러지지 못했다. 모든 것이 끝나고 새로운 왕이 수습한 그의 시신에는 구더기가 들끓고 있었다. 두 달이 넘게 방치되어 있었기 때문이다. 한 시대를 풍미했고 황금시대를 만들었던 춘추 시대의 첫 번째 패자 제 환공의 비참한 말로였다.

# 송 양공과
# 송양지인

송 양공의 적군에 대한 예의는
절호의 공격 기회를 놓치게 했다.

치열한 권력 다툼 끝에 결국 제나라 군주가 된 이는 관중이 애초에 태자로 정해 놓았던 '효공'이었다. 어렵게 돌아 제자리로 간 셈이었다. 그런데 효공이 군주의 자리에 오를 수 있도록 물심양면 도와준 다른 나라의 왕이 있었으니 그는 송나라 군주 '양공'이었다. 그는 원래 정해진 태자가 왕이 되는 것이 가장 정의롭다고 생각했기 때문에, 제나라로 군사를 끌고 진격하여 다른 네 공자의 군대를 격파하고 효공을 왕으로 등극시켰다.

　제나라의 후계자 전쟁에 개입해 성공을 거둔 송 양공은 크게 자신감을 얻었다. 패자였던 제나라의 후계자를 자신의 힘으로 정한 것이다. 그는 스스로를 제 환공에 이어 춘추 시대의 패자가 될 영웅이라고 치켜세웠다. 하지만 그 모습을 지켜보던 송나라 신하들은 몹시 불안했다. 송 양공이 너무 무모하게 서두른다고 생각했기 때문이다. 제나라도 패자가 되기까지 오랜 시간에 거쳐 나라를 부강하게 하는 과정이 필요했는데, 아직 송나라는 그럴 만한 준비가 되어 있지 않았다. 하지만 송 양공은 의기양양했고 작은 회맹이라도 열어 세를 과시하려고 했다. 그는 회맹을 열기만 하면 자신이 패자가 될 것이라 오해하고 있었다.

　기원전 641년, 송 양공은 오랜 노력 끝에 여러 나라의 군주를 불러모아 회맹을 열고, 그 자리에서 맹주가 되어 패자로 등

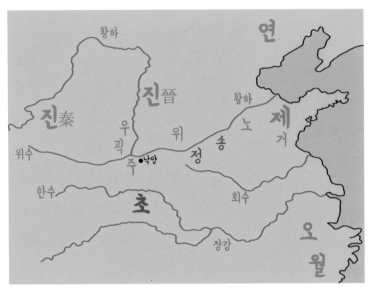

이번 이야기의 주인공인 송나라와 정나라, 초나라의 위치를 확인하자.

극하려고 했다. 그런데 그 자리에서 갑자기 초나라 왕이 시비를 걸었다.

"이렇게 여러 나라를 모아 회맹을 열어 준 송 양공께 감사하오. 그런데 맹주는 누가 되어야 하오?"

송 양공이 당연하다는 듯이 대답했다.

"제나라 환공처럼 뛰어난 공적이 있으면 공적을 세운 나라의 군주가 맹주가 되겠지만, 지금 같은 상황이라면 지위에 따라 정해야 하지 않겠소?"

알아들었다는 듯 끄덕이던 초나라 왕이 말을 이었다.

"그렇다면 제가 맹주가 되어야겠군요. 다들 '공'이라는 호칭을 쓰시지 않소? 과인은 '왕'을 칭한 지 꽤 오래되었소."

그 모습을 지켜보던 초나라의 동맹국인 정나라의 군주도 초나라의 제안을 적극적으로 찬성했다. 이렇게 맹주가 되기 직전에 일이 무산되려 하자 송 양공은 그것이 초나라 왕의 작전인지도 모른 채 화가 나 말했다.

"그렇소. 나는 공작 지위를 갖고 있소. 하지만 초나라의 지위는 천자가 내려 준 것이 아니라 스스로 왕이라고 칭한 것이 아니오? 한마디로 가짜 왕인 것이지요. 어찌 가짜 왕이 진짜 공작의 지위를 누르고 맹주 자리를 차지할 수 있겠소?"

분위기가 험상궂게 돌아가자 갑자기 초나라 왕의 수행원들이 관복을 벗어젖혔다. 안에는 단단한 갑옷을 입고 있었다. 초나라 왕은 일부러 송 양공을 도발해 험악한 분위기를 만든 후 일반 신하로 변장시켰던 병사들을 시켜 그 자리에서 송 양공을 사로잡아 버렸다. 모든 것이 초나라의 계략이었던 것이다. 망신도 이런 망신이 없었다. 다른 나라의 군주들은 꿀 먹은 벙어리처럼 아무 말도 못 하고 그 상황을 지켜봐야만 했다.

초나라에서 3개월 동안 치욕의 시간을 보내고 풀려난 송 양공은 너무 분해 어떻게든 초나라에 복수하고 싶었다. 그래서 송나라와 초나라의 중간에 있는 정나라를 공격했다. 정나라는 회맹 자리에서 초나라를 적극 지지했던 아주 얄미운 나라이기도 했다. 하지만 초나라군도 동맹국을 지키기 위해 군사를 파견했고, 송나라와 초나라는 '홍수'라는 강을 두고 대치하게 되었다. 기원전 638년, '홍수 전투'는 이렇게 시작되었다.

강을 두고 전투를 벌이면 일반적으로 강을 건너는 나라가 불리하다. 강을 건너는 과정에서 경계가 약해지고 병력이 분산되며, 강을 건넌 후에도 전투를 준비하는 데 시간이 필요하기 때문이다. 따라서 병력에서 열세였던 송나라는 군사력이 강한 초나라를 상대하려고 일부러 강을 사이에 두고 병력을 배치했다. 좋은 작전이었다. 그런데 문제가 하나 있었다. 왕이 송 양공이라는 것.

초나라는 워낙 병력이 많았기 때문에 송나라를 얕잡아 보고 강을 그냥 건너기 시작했다. 송나라 장수들은 좋은 기회라며 양공에게 공격 명령을 내려 달라고 했다. 그런데 의외의 대답이 들려왔다.

"안 된다."

"네?"

휘하 장수와 병사들은 당황했다. 이렇게 송나라 군대가 우물쭈물하는 사이 초나라 군대는 모두 강을 건너 대오를 정비하기 시작했다. 대오가 완성되기 전 공격하면 송나라에 기회가 될 수도 있었다. 그러나 공격 명령을 기다리는 군사들에게 송 양공은 같은 명령을 내렸다.

"조금 더 기다려 주자."

"네?"

장수와 병사들은 좋은 공격 기회를 잡지 않는 군주의 태도에 속이 타들어 갔다.

　좋은 기회를 다 놓친 송나라 군대가 맞이한 홍수 전투의 결론은 예상대로였다. 대오를 마치고 진격하는 초나라 군대를 송나라 군대는 도저히 막아 내지 못했다. 수많은 군사가 사망했고 송 양공 자신도 크게 다쳤다. 전쟁이 끝난 후 많은 사람이 송 양공에게 왜 공격 명령을 내리지 않았는지 물었다. 뭔가 더 좋은 전술을 생각한 게 아닌지 확인도 할 겸. 그런데 대답을 들은 사람들은 모두 답답함과 허무함에 시달려야 했다. 송 양공은 이렇게 말했다.

　"성인군자는 부상자를 공격하지 않고 늙은이를 포로로 잡지 않는다. 좁은 길목이나 강 가운데서 이기려 하는 것은 어진 사람들이 해야 할 바가 아니다. 마찬가지로 비록 적이지만 대오를 정비하기 전에 공격 명령을 내리는 치사한 짓은 할 수가 없는 것이다."

　자신의 도덕적 기준을 지키려고 한 나라의 왕이 수많은 병사들을 죽음으로 몰아넣었다. 이기기 위한 것이 아니라면 애초에 전쟁을 시작하지 않았어야 한다. 송 양공의 말은 궤변이었다. 애초에 특별한 업적도 없이 어울리지 않는 패자 자리에 앉으려 한 것부터가 문제였을 것이다. 하지만 어질고, 의로움을 중요시한 그의 사고방식은 후대 유학자들에게 높게 평가되어 춘추 시대 패권을 장악했던 다섯 명의 군주, 즉 춘추 오패에 잠시나마 이름을 올리기도 했다. 정정당당하게 진 송 양공의 미련한 인자

함을 일컫는 고사성어를 **송양지인**이라고 하며, 자기 분수도 모르면서 남을 동정하는 어리석은 어짊을 뜻한다. 송 양공은 홍수 전투에 입은 다리 상처가 악화해 전쟁이 끝나고 1년도 지나지 않아 사망했다.

**고사성어** · 송양지인  **宋襄**송 양공 **之**~의 지 **仁**어질 인

### ⭐ 고사성어 하나 더

**상사병의 유래**　·**상사병**　**相**서로 상 **思**생각할 사 **病**병 병
　　　　　　　　·**연리지**　**連**잇닿을 연 **理**다스릴 리 **枝**가지 지

송나라의 마지막 왕이자 폭군이었던 강왕은 신하 '한빙'의 아내가 너무 아름다워 자신의 것으로 만들고 싶었다. 그래서 강왕은 한빙에게 누명을 씌워 멀리 귀양을 보냈고, 그 사이에 한빙 아내의 환심을 사려고 했다. 하지만 억울함을 견디지 못한 한빙은 귀향지에서 스스로 목숨을 끊었고, 그 소식을 들은 그의 아내 역시 같은 선택을 하고 말았다. 그런데 그녀의 몸에서 왕에게 남긴 편지가 발견되었다. '제가 죽은 후 제 유골을 남편 한빙과 함께 묻어 주신다면 황천에서라도 감사드리겠습니다.' 강왕은 빈정이 상하여 오히려 그들의 무덤을 두 곳으로 만들어 따로 묻었다. 그런데 그들의 무덤 끝에서 나무 두 그루가 자라더니 서로를 감싸듯이 가지가 얽혔다. 두 나무의 가지가 연결되어 **'연리지'**가 완성된 것이다. 연리지는 화목한 부부나 남녀 사이를 비유하는 말이기도 하다. 어디선가 원앙 한 쌍이 날아와 연리지 위에서 슬프게 울었다. 그 모습을 본 사람들은 한빙 부부의 서로 그리워하는 마음이 담긴 그 나무들을 '상사수'라고 불렀다. 여기에서 사랑을 이루지 못해 몹시 그리워하는 **'상사병'**이 유래했다.

두 번째 춘추 오패
진 문공 이야기

# 두 개의
# 진나라

두 개의 진나라와
이번 이야기의 배경이 될
우나라, 곽나라의 위치

춘추 시대에 수많은 나라가 난립하다 보니 한자는 다르지만 같은 이름을 갖는 경우가 꽤 많다. 그중에서도 두 개의 진나라는 국경이 맞닿아 있으면서 서로 아주 중요한 역할을 하다 보니 명칭과 한자에 대한 구분이 필요하다.

　첫 번째는 낙양을 중심으로 북쪽에 자리 잡은 진晉나라이다. 이제부터 소개할 춘추 시대 두 번째 패자인 '진 문공'의 나라로, 이후 전국 시대로 넘어가면서 세 개의 나라로 갈라질 운명이다. 중국어로는 '찐'으로 발음하며, 눈 두 개가 있는 것 같은 한자 모양晉을 따서 '눈알 진'이라고 외우기도 한다. 우리는 구분하고자 '북쪽의 진晉나라'라고 자주 사용할 예정이다.

　두 번째 진나라는 분열되어 있던 중국을 최초로 통일하게 될 시황제의 진秦나라이다. 중국어로 '친'이라고 발음하며, 여기서 중국을 일컫는 영단어 '차이나'가 유래했다. 구분을 위해 '서쪽의 진秦나라'라고 표현할 예정이다.

　이제 제나라 환공을 잇는 두 번째 춘추 오패의 나라, 북쪽의 진晉나라 이야기를 시작해 보자.

# 가도멸괵과
# 순망치한

우나라 왕은 진나라에 길을
빌려주기로 결정한다.

북쪽 진(晉)나라의 군주 헌공은 진나라와 국경을 맞대고 있는 괵나라를 정벌해 혼쭐을 내고 싶었다. 괵나라가 자주 국경을 넘어 진나라를 공격하고 노략질했기 때문이다. 괵나라는 작은 나라였기에 쉽게 물리칠 수 있었으나 진 헌공은 괵나라와 동맹을 맺고 있던 우나라가 거슬렸다. 진나라와 괵나라 사이에 전투가 벌어지면 필히 우나라는 괵나라를 도울 것이었기 때문이었다. 두 나라와 동시에 전쟁을 벌인다면 승리를 장담할 수 없을 터였다. 그래서 괵나라도 마음 놓고 자신보다 더 큰 진나라를 공격하는 것이리라.

　신하들과 고심하던 진 헌공은 좋은 방안을 생각해 냈다. 그것은 우나라에 아주 귀중한 보물을 안겨 주면서 부탁하는 것이었다. 그 부탁이란 '괵나라를 공격할 수 있도록 우나라의 길을 빌려 달라'라는 것이었다. 어디선가 들어 본 것 같은 이 부탁은 과거 일본 도요토미 히데요시가 임진왜란을 일으키면서 조선에 명나라를 치러 갈 것이니 길을 빌려 달라고 한 것과 같은 제안이다. 진 헌공의 제안을 **가도멸괵**이라고 하고, 일본의 제안을 **정명가도**라고 한다. 이 고사성어들은 원래의 의도를 숨기고 도움을 요청한 후 목적을 달성하고서 도움을 주었던 상대방에게까지 피해를 끼치는 행위를 말한다.

사실 조금만 생각해 보면 의도를 충분히 알아차릴 수 있는 상황이었건만 귀중한 선물이 탐났던 우나라 군주는 의외로 갈등했다. 그 모습을 본 우나라의 현명한 신하 '궁지기'와 '백리해'는 진나라의 음모를 단번에 파악하고 군주를 설득하기 시작했다. 먼저 궁지기가 말을 꺼냈다.

"대왕마마, 절대 그들의 제안을 받아들이시면 안 됩니다. 예부터 전해 내려오는 말로 '입술이 없어지면 이빨이 시리다'라고 했습니다. 진나라가 우리와 괵나라를 감히 공격하지 못하는 것은 두 나라가 서로 돕고 있기 때문입니다. 괵나라가 망하면 그다음 차례는 우리가 될 것입니다."

매우 가까운 관계에 있던 사이에서 하나가 망하면 나머지 하나도 같이 망할 수 있음을 경계하는 유명한 고사성어 **순망치한**은 궁지기의 입을 통해 이렇게 등장했다.

하지만 우나라 군주는 이미 생각을 굳히고 이렇게 말했다.

"잘 생각해 보시오. 괵나라 군주가 교만하고 전쟁을 좋아하는 것은 우리가 익히 아는 바 아니오? 그것 때문에 우리도 얼마나 피곤하오. 진나라 군주가 이렇게 귀중한 보물을 보내고 우리와 사이좋게 지내자 하는데 지금 진나라와 친해진다면 우린 괵

| 고사성어 | | |
|---|---|---|
| • 가도멸괵 | 假거짓 가 道길 도 滅꺼질 멸 虢괵나라 괵 | |
| • 정명가도 | 征정벌할 정 明명나라 명 假거짓 가 道길 도 | |
| • 순망치한 | 脣입술 순 亡망할 망 齒이 치 寒차가울 한 | |

나라를 잃는다 해도 그보다 더 강력한 진나라를 친구로 두게 되오. 나도 다 생각이 있으니 물러가 있으시오."

어리석은 군주에게 실망한 궁지기는 가족을 데리고 우나라를 떠났지만 백리해는 끝까지 군주를 보필하기로 마음먹었다. 백리해는 생각했다. 혹시 군주의 생각이 옳을 수도 있지 않을까? 아니면 군주는 이미 진나라의 제안을 받은 순간부터 우나라와 자기 운명을 예감한 것일 수도 있다. 그들의 제안을 받아들여 길을 빌려주든, 거절하든 진나라는 언젠가는 이 나라를 침략하여 멸망시킬 것이다. 그렇다면 차라리 제안을 수용하고 그들과 같은 편이 되는 것이 나라를 조금이라도 오래 유지하고 생명을 보전할 방법이라고 생각하신 것은 아닐까? 우리 군주의 생각이 설마 여기까지?

궁지기와 백리해의 예상은 한 치도 어긋나지 않았다. 진나라 군사들은 아주 쉽게 괵나라를 제압했으며, 괵나라 군주는 백성과 성을 버리고 도망쳤다. 그리고 한 달 만에 진나라는 우나라를 공격하기 시작했다. 괵나라가 없는 우나라는 진나라의 공격을 막아 내지 못했고, 결국 멸망했다. 하지만 진나라의 아주 간단한 계책마저 깨닫지 못한 우나라 군주가 위협되지 않는다고 생각했는지 진 헌공은 그를 죽이지 않았다. 오히려 그에게 작은 땅을 내어 주고 삶을 이어 갈 수 있도록 배려했다. 심지어는 빼앗았던 우나라 보물들을 다시 되돌려 주었다는 이야기도 있다. 정말 우나라 군주는 여기까지 생각한 것일까?

한편 진나라에서는 백리해에게도 벼슬을 주려 했다. 그의 현명함을 높이 평가한 것이다. 하지만 백리해는 제안을 과감히 거부하고 새로운 길을 떠났다. 백리해는 조금 뒤 서쪽 진秦나라 이야기에 다시 등장한다. 이제 약간 과거로 돌아가 뛰어난 계책으로 괵나라와 우나라를 멸망시킨 진 헌공의 아들들과 그들의 새어머니 이야기를 만나 보자.

# 태자의
# 억울한 죽음

여희는 태자가 헌공을
암살하려는 것처럼 보이도록
음모를 꾸몄다.

북쪽 진晉나라 군주 헌공에게는 공자가 셋 있었다. 세 명의
공자 이름은 '신생, 중이', '이오'였다. 신생은 왕비에게서 낳은
아들이었는데 왕비는 일찍 죽었다. 왕비가 죽자 진 헌공은 포로
로 끌려온 이민족 여인으로부터 아들들을 얻었는데 그들이 바
로 중이와 이오였다. 진 헌공은 세 명의 공자 중에 첫째 신생을
태자로 삼아 왕위를 물려줄 계획이었다. 그런데 이 계획에 차질
이 생겼다.

헌공이 또 다른 이민족을 물리치고 그곳에서 손꼽는 미녀
를 데리고 와서 후궁으로 삼았는데 그녀가 아들을 낳은 것이다.
그 여인의 이름은 '여희'였고, 그녀가 낳은 아들 이름은 '해제'였
다. 젊은 왕비 여희 입장에서는 의지하던 남편이 죽으면 자신과
아들의 안전이 위협받을 수밖에 없으므로 어떻게든 자신이 낳은
아들이 다음 군주가 되도록 노력해야 했다. 그리고 나이 든 왕 입
장에서는 젊은 왕비의 요구를 선뜻 내치기가 어렵다.

여희는 고민했다. 자신을 총애하는 진 헌공에게 아들 해제
를 태자로 삼아 달라고 간청이라도 하고 싶었지만, 그것은 기존
태자를 지지하는 세력에게 빌미를 주는 일이 될 것이었다. 여희
는 일단 그들에게 의심을 살 행동을 피하기로 했다. 어쩌다가
헌공이 해제를 안고 "우리 해제에게 태자 자리를 줄까?"라고 하

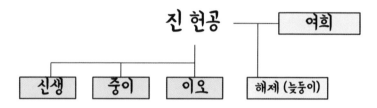

진 헌공의 세 아들과 새로 태어난 막내아들 해제

면, 여희는 주저앉아 엉엉 울면서 심하게 거절하는 연기를 선보였다.

"절대 안 됩니다. 그러시려면 차라리 저를 먼저 죽여 주세요."

그런 여희의 모습에 헌공은 그저 감동할 뿐이었다.

'정말 권력에 욕심이 없는 순수한 여인이구나.'

여희에 대한 의심이 사라질수록 헌공은 오히려 그녀의 아들을 태자로 삼고 싶은 마음이 커졌다. 그저 착하고 순수하고 아름다운 여희를 행복하게 해 주고 싶었던 것이다. 헌공은 결심했다. 막내아들 해제에게 위협이 될 수 있는 태자 신생, 공자 중이와 이오를 모두 지방으로 보냈다. 군주의 의중을 눈치챈 신생의 부하들은 신생에게 다른 나라로 망명할 것을 권유했으나 그는 거절했다. 신생은 말했다.

"동생에게 왕 자리를 양보한 자비로운 형으로 역사에 남는 것도 저는 좋다고 생각합니다."

하지만 이것은 상대방 의중을 제대로 파악하지 못한 너무 순진한 생각이었다. 태자 신생은 왕 자리만 넘겨주면 자신이 해를 당하는 일은 없을 것으로 생각했고, 과거 동생에게 왕 자리를 물려주고 살아남은 형이 없다는 것은 알지 못했다.

자기 아들이 태자가 될 수 있도록 치밀하게 준비해 오던 여희는 드디어 작전을 시작했다. 신생을 제거할 음모였다. 여희는 신생을 찾아갔다.

"태자님, 대왕마마께서 돌아가신 왕비님의 꿈을 꾸었다고 합니다."

돌아가신 왕비님이란 신생의 친어머니를 말한다. 여희는 말을 이었다.

"하루속히 어머니의 사당에 가서 제사를 지내시고, 그 음식을 왕에게 바치세요."

당시에는 죽은 사람이 꿈에 나타나면 그 사람의 아들이 제사를 지낸 다음, 꿈을 꾼 사람에게 제사 음식을 보내는 풍습이 있었다. 신생은 아무런 의심 없이 어머니의 사당을 찾아 제사를 지냈고, 그 음식을 아버지 헌공에게 바쳤다.

사냥을 마치고 온 헌공은 수라상에 올려진 특별해 보이는 술과 고기를 발견했다.

"오, 이 음식은 무엇인고?"

여희가 재빨리 말했다.

"태자님께서 바치신 것이옵니다."

마침 배가 고팠던 헌공이 아무런 의심 없이 술과 고기를 먹으려 하자 갑자기 여희가 말렸다.

"대왕마마. 멀리서 온 음식이니 상했거나 맛이 변했을 수 있습니다. 시험을 해 보고 드시지요."

여희가 신하를 시켜 술을 바닥에 뿌리자마자 기름처럼 부글부글 끓어올랐다. 또한 고기를 먹은 개는 그 자리에서 죽어 버렸다. 여희는 독 중에서도 효과가 빠르고 강한 것을 선택해 아주 충격적인 장면을 연출해 낸 것이다. 이건 누가 봐도 음식이 상한 것이 아니라 독이 들어 있는 것이었다. 여희가 헌공 앞에서 만들어 낸 결론은 오직 하나였다.

태자가 왕을 죽이려 한다!

이제 준비한 연기를 시작할 시간이다. 여희는 크게 충격받은 척 울기 시작했다.

"태자가 늙으신 아버지를 죽이려 한다는 것은 서둘러 왕을 이어받아 저와 우리 아들을 제거하려고 하는 것 아니겠습니까? 저와 제 아들을 다른 나라로 제발 보내 주세요. 아니면 이렇게 두려움에 떨며 사느니 지금 이 자리에서 죽는 것이 낫겠습니다."

소문은 궁궐 안팎으로 빠르게 퍼졌고 신생의 귀에도 닿았다. 상황을 파악할 때까지 신생은 일단 몸을 숨겨야 했다. 신생은 생각했다.

'나는 음식에 독을 넣지 않았다. 독을 넣은 사람은 분명히 여희다. 그녀는 나에게 누명을 씌우는 것이다. 어떻게 할 것인가? 어떻게 해야 하는 것이 옳은가? 아버지(헌공)에게 가서 사실을 밝히고 누명을 벗을 것인가 아니면 죄를 뒤집어쓸 것인가? 운이 좋아 누명이 벗겨지면 모든 일을 조작한 여희는 처벌을 피하지 못할 것이다. 여희는 왕을 암살하려 한 중죄인이 되는 것이다. 그러면 여희에게 남은 인생을 의존하고 있는 아버지께서는 홀로 어떻게 살아가실 것인가? 그런 불효를 저지를 수는 없다. 그렇다면 차라리 모든 것을 뒤집어쓰고 다른 나라로 망명하는 것은 어떨까? 하지만 아버지를 죽이려다 실패한 태자를 그 어느 나라에서 온전히 받아줄 것인가? 아, 선택할 방법이 없구나.'

고민 끝에 진나라의 태자 신생은 스스로 목숨을 끊고 말았다. 방법이 있긴 있었다. 진실을 밝힌 후 여희를 쫓아내고 아버지에게 새로운 신붓감을 찾아 주면 되는 것이었다. 하지만 신생은 당황한 나머지 생각의 폭이 좁아져 있었고, 스스로가 아닌 타인의 입장만 생각하고 있었다. 그것이 신생을 죽음으로 몰고 갔다.

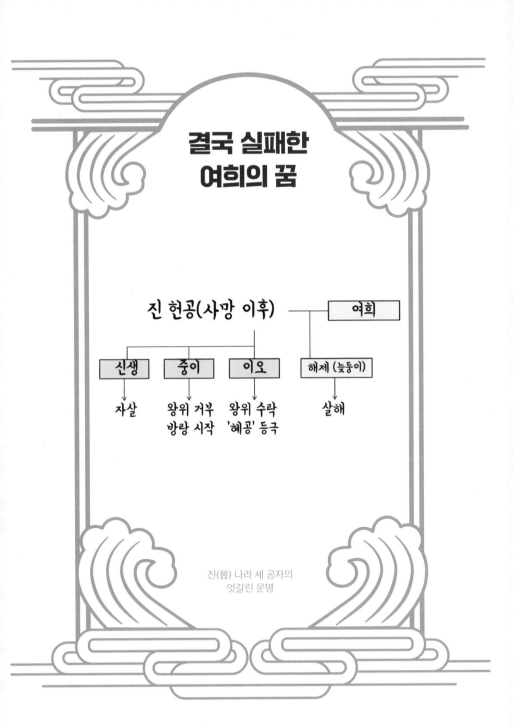

# 결국 실패한
# 여희의 꿈

진 헌공(사망 이후) ── 여희

신생　　중이　　이오　　해제 (늦둥이)

자살　　왕위 거부　왕위 수락　살해
　　　　방랑 시작　'혜공' 등극

진(晉) 나라 세 공자의
엇갈린 운명

신생의 대응에 따라 다소 위험할 수도 있었던 암살 미수 작전에 성공한 여희는 자신감이 넘쳤다. 그리고 그녀에겐 여전히 자신과 아들 해제를 위협할 수 있는 두 명의 공자가 남아 있었다. 여희는 헌공에게 공자 중이와 이오도 신생의 계략을 알고 있었다는 이야기를 들었디며, 그들을 교묘하게 모함했다. 형의 사망 소식을 듣고 중이와 이오는 여희의 의도를 눈치채고 있었다. 즉 궁궐로 들어가 죄가 없음을 섣불리 증명하려 했다가는 살아서 나오지 못할 것을 알고 있었다. 이오는 부임지에서 항전을 선택했고, 중이는 진나라를 탈출했다. 쫓아오는 병사들의 칼에 옷이 베일 정도로 아슬아슬한 탈출이었다. 가까스로 탈출한 중이의 유랑 생활은 이렇게 시작됐다. 중이의 나이 43세였다. 중이는 어머니의 고향이었던 이민족이 세운 적나라로 향했다.

　한편 자신의 부임지에서 결사 항전하던 이오 역시 아버지의 군대가 진심으로 공격해 오자 더는 막아 낼 힘이 없었다. 이오 역시 처음에는 중이와 같은 곳으로 이동해 훗날을 도모하려 했지만, 두 사람이 같은 지역에 있으면 신생과 함께 반란을 모의했다는 누명이 사실로 굳어질 것이었다. 또한 아버지의 대군이 공격해 오면 그곳 또한 절대 안전하지 못할 것이다. 이오는 진나라에 인접한 다른 나라로 망명하고 기회를 엿보기로 했다.

태자 신생이 자결하고 중이와 이오가 탈출한 '여희의 난'으로부터 5년이라는 시간이 지난 기원전 651년 어느 날, 진晉나라 군주 헌공이 사망했다. 헌공은 죽기 전에 해제를 태자로 책봉해 여희와의 약속을 지켰지만, 왕위를 잇기에 해제는 여전히 어렸다. 그녀는 너무 서둘렀다. 헌공의 그림자가 없는 여희에게는 힘과 영향력이 남아 있지 않았고, 결국 헌공이 사망한 지 한 달 만에 반란이 일어났다. 반란군에 의해 해제는 살해당했고, 여희 역시 스스로 죽음을 선택해야만 했다. 여희에 의해 누명을 쓰고 스스로 죽음을 선택해야만 했던 비운의 태자 신생의 억울함도 이렇게나마 풀렸다.

이제 진나라는 왕이 없는 나라가 되었다. 반란군들은 신생에 이어 두 번째 순서인 중이에게 귀국해 왕으로 즉위해 달라는 요청을 보냈다. 하지만 중이는 망설였다. 자기 나라에서 명령을 어기고 도망친 사실과 아버지의 임종을 지키지 못했다는 사실이 마음을 무겁게 했다. 결국 중이는 불효자인 자신은 왕이 될 자격이 없다며 왕위를 사양했다. 보통 한 번 정도 사양하는 것은 본심에서 우러나오는 것이 아닐 수도 있다. 하지만 나중에 중이의 행동을 보면 그는 진심으로 왕위를 거부했던 것 같다. 중이의 태도에 실망한 반란군은 다음 순서인 이오에게도 같은 요청을 했다.

망명 생활 중이던 이오는 굳이 사양하지 않았다. 오히려 기다리던 일이었다. 하지만 귀국했을 때 자신의 안전이 걱정되었다. 아직 여희를 따랐던 잔당이 남았을 수도 있으므로 혈혈단신으로 귀국할 수는 없었다. 그래서 다른 나라로부터 군사를 빌리기로 했다. 이오는 서쪽 진秦나라에 부하를 보내 자신이 왕으로 즉위하는 데 성공하면 자국 땅 일부를 주겠다고 약속했다. 진秦나라 군주 목공은 이오의 제안을 선뜻 받아들였다. 그렇게 이오는 진秦나라 군대의 호위 아래 고국인 진晉나라에 복귀했고, 예정대로 무사히 왕으로 등극할 수 있었다. 이오는 진晉나라 군주 '혜공'이 되었다.

진 혜공은 연이어 진 목공을
배신했고 두 진나라의 갈등은
최고조에 달했다.

진晉나라 혜공은 군주 자리에 오르자마자 본색을 드러내 배신의 상징이 되었다. 귀국을 도와준 서쪽 진秦나라에 영토를 주겠다는 약속을 일방적으로 깨뜨린 것이다. 배신당한 진秦 목공은 어이없었지만, 영토에 대한 약속이 나라 대 나라의 약속이 아닌 군주가 되기 전 공자 이오와의 개인적인 약속이었으므로 문제 삼지 않고 넘어가기로 했다. 진 목공은 대인배였다. 그런데 그의 대인배다움이 더욱 부각돼야 하는 일이 발생했다. 진晉 혜공이 왕위에 오르고 4년이 지난 기원전 647년, 진晉나라에 심한 가뭄이 들어 이웃 나라의 도움이 절실해진 것이다. 춘추 시대 첫 번째 패자 제 환공이 연 회맹에서 각 나라 제후들은 이웃 나라에 자연재해가 발생한 경우 서로 돕기로 약속했다. 그 약속에 따라 진秦 문공은 진晉나라에 식량을 보내 주기로 결정했다. 땅을 주기로 한 약속을 어긴 진 혜공을 돕지 말자는 신하들도 많았지만, 진 문공은 왕이 아닌 백성에게는 아무런 죄가 없다고 생각했기 때문에 선뜻 도움의 손길을 내민 것이다.

　문제는 1년 뒤 발생했다. 정반대의 상황이 생긴 것이다. 이번에는 진秦나라에 흉년이 심하게 들어 백성이 굶주리게 되었다. 작년의 일도 있고 하니 진秦 목공은 진晉 혜공에게 정식으로 도움을 요청했다. 진 목공은 진 혜공이 당연히 작년의 도움을 보답할 것으로 생각했다. 하지만 그의 기대와 달리 진 혜공은 오히려 지금이 진秦나라를 공격할 절호의 기회라고 생각했다.

진晉 혜공은 진秦나라로의 식량 원조를 거절했을 뿐 아니라 오히려 진秦나라로 쳐들어갔다. 진나라 백성과 병사들이 가뭄 때문에 굶주리고 있으니 손쉽게 이길 수 있으리라 생각한 것이다. 대인배이고 인내심이 강했던 진秦 목공도 이번에는 참을 수 없었다. 진 목공의 군대는 단번에 진晉나라의 군대를 격파하고 진 혜공을 인질로 사로잡았다. 애초에 상대가 안 되는 전쟁이었다. 진 혜공은 공자 시절 진 문공과 약속했던 영토를 바치는 것과 태자를 인질로 맡기는 조건으로 겨우 진秦나라에서 풀려날 수 있었다. 아무것도 남은 것 없는 대망신이었다.

자신의 나라에 돌아온 혜공은 신하들의 눈빛이 싸늘한 것을 느꼈다. 본능적으로 왕위가 위태롭다는 느낌이 들었다. 그때 왕위를 대신 차지할 수 있는, 자신에게 위협이 될 수 있는 사람이 떠올랐다. 바로 형 중이였다. 여희의 난 이후로 고국에서 탈출해 12년간 아무런 문제 없이 잘 숨어 살던 애꿎은 중이가 갑자기 혜공의 새로운 목표가 되었다. 진 혜공은 중이를 암살하기로 마음먹고, 그가 있는 이민족의 땅으로 자객을 보냈다.

# 중이의
# 유랑 생활

내가 성공하지 못하면 네 살을
씹어 줄 테다!

어머니의 나라이자 이민족의 나라에서 결혼도 하고 평화롭게 살고 있던 중이에게 동생 혜공이 자신을 암살하려 한다는 소식이 들려왔다. 떠나야 할 때가 되었다. 내가 여기 있으면 이곳 사람들도 안전하지 않으리라. 중이는 길을 떠나며 아내에게 말을 건넸다.

　"내가 뜻하지 않게 먼 길을 떠나야 하오. 같이 산 정이 많으니 25년만 날 기다려 주오. 그래도 돌아오지 않거든 다시 새 출발을 해도 좋소."

　당시 수명을 생각하면 평생 기다리라는 뜻이었다. 눈치챈 아내는 대답했다.

　"제가 벌써 25살인데 님을 기다리며 25년을 보낸 후라면 굳이 새 출발을 할 이유가 없을 듯하니 건강히 잘 돌아오세요."

　아내와 담백하게 이별 인사를 나눈 중이는 자신을 따르는 신하들과 함께 정처 없는 먼 길을 떠났다. 이때 중이의 나이는 55세였다.

　중이는 자신이 지낼 만한 첫 번째 목적지로 제나라를 선택했다. 소식을 듣자 하니 최근 제나라의 명재상 관중이 죽었다고 한다. 그렇다면 새로운 인재가 필요하지 않을까? 제나라에서 좋은 벼슬을 얻을 수 있을 것 같았다. 그러나 제나라로 행군하는 건 쉽지 않았다. 길과 날씨는 험하고, 먹을 것과 마실 것도 넉넉하지 않았다. 그렇지만 가까스로 도착한 제나라에서는 다행히도 중이를 우대했다. 비록 방랑 중이었지만 중이는 다른 나라 군주의 아들이었다. 더구나 제 환공도 망명 생활을 경험한 적이 있었기 때문에 중이의 어려움에 적극 공감했다. 더 나아가 제 환공은 자신의 딸을 중이와 결혼시키기도 했다.

극진한 대우를 받으면서 중이가 제나라에서 5년을 머무는 동안, 제나라에서는 왕위를 둘러싼 다섯 공자의 피비린내 나는 권력 투쟁이 일어났고, 그 속에서 제 환공은 비참한 죽음을 맞았다. 이런 과정을 전부 목도한 중이는 생각했다.

'권력이란 이토록 비정하고 잔인한 것이었구나.'

사실 중이는 처음부터 권력에 관심이 없었다. 진나라 군주가 되어 보겠다는 생각도 전혀 없었다. 그래서 반란군이 왕위에 오르라고 요청해도 갖은 핑계를 대어 거절한 것이다. 중이는 인생을 그저 편안하게 보내는 게 제일 좋다고 생각했으며, 제나라에서의 생활을 완전히 즐기고 있었다.

하지만 그의 부인(제 환공의 딸)과 신하들의 생각은 달랐다. 부인이 신하들의 마음을 대변해 중이에게 잔소리를 시작했다.

"공이시여. 당신은 한 나라의 공자임에도 자기 나라가 아닌 곳에서 궁핍한 생활을 당연하게 여기며 지내고 계시옵니다. 신하들을 보시옵소서. 당신을 위한 일이라면 목숨을 바칠 준비가 되어 있사옵니다. 어서 진晉나라로 돌아가 당신의 권위를 찾으시고 신하들의 오랜 노력에 보답해 이 부끄러운 생활을 씻기를 원하옵니다."

하지만 중이는 아내의 진심 어린 간청에도 고개를 가로저을 뿐이었다.

"나는 그렇게 큰 그릇이 못 되오. 지금 생활이 그저 좋소."

중이는 진심이었다.

그러던 어느 날, 외삼촌 호언이 중이를 찾아와 술을 권했다. 호언은 이민족 나라에서부터 중이와 함께한 신하 중의 신하이기도 했다. 즐거운 이야기를 하며 밤새 술을 나누던 중이는 호언마저 이 편안한 생활에 적응했다고 생각하며 안심했다. 그런데 다음 날 일어난 중이는 자신이 수레에 실려 어디론가 달려가고 있음을 알았다. 하물며 수레가 이미 제나라 국경 밖으로 멀리 벗어나 있는 게 아닌가! 상황을 파악한 중이는 이 모든 게 호언이 계획한 일임을 뒤늦게 깨달았다. 자신에게 술을 먹이고 밤사이 수레에 태워 제나라를 나오게 한 것이었다. 하지만 중이가 지금 할 수 있는 거라곤 호언을 원망하는 일뿐이었다.

"내가 이 길을 떠나 성공하지 못한다면 아저씨의 살을 씹어 주겠소."

"네가 성공하지 못하면 이미 내 살은 남아 있지 않을 터인데 씹을 수 있겠느냐?"

중이를 성공시키는 데 기꺼이 목숨을 바치겠다는 호언의 의지였다. 편안한 생활에 만족했던 중이는 신하들에게 이끌려

다시 방랑을 시작해야 했다.

지도자의 숙명이랄까? 뛰어난 자질을 가진, 특히 왕이 될 자질을 타고난 사람에겐 많은 사람이 자신의 인생을 건다. 인생을 건 그들이 바라는 것은 단 하나, 모시는 사람을 왕으로 만드는 일이다. 그들의 꿈이 커질수록 지도자로 내세워진 자는 마음대로 자리에서 물러설 수 없다. 혼자만의 꿈이 아닌 공동체의 꿈이 되어 버렸기 때문이다. 이렇게 돌이킬 수 없어졌을 때 중요한 것은 많은 사람이 인생을 건 자에게 실제로 지도자의 자질이 있느냐는 점이다. 그들이 그토록 왕으로 모시고자 했던 중이에게 과연 왕이 될 자질이 있었을까?

중이 일행의 파란만장한 방랑 생활이 다시 시작되었다. 그들 일행이 조나라를 지날 때의 이야기다. 조나라 군주는 무례한 인물로, 중이 일행에 대한 대접도 그리 후하지 않았다. 하지만 중이를 더욱 분노하게 한 것은 조나라 군주의 변태 같은 행동이었다. 사실 중이에겐 눈동자가 둘인 '중동'과 갈비뼈가 하나의 뼈로 뭉쳐 있는 '변협'이라는 신체 비밀이 있었다. 그런데 조나라 군주가 목욕하는 중이의 몸을 몰래 훔쳐보면서 그것을 비웃고 있었다. 그 사실을 알게 된 중이는 불같이 화가 났다.

하지만 그런 군주 아래 슬기로운 신하도 있었다. '희부기'라는 신하가 보기에는 중이가 왕의 기운을 지닌 인물이었으며, 그가 거느리고 있는 신하들도 당대의 영웅이었다. 희부기는 중이 일행을 이렇게 엉망으로 대접했다가는 나중에 조나라에 큰 위기를 불러올 수 있다고 판단했다. 중이가 수모를 당하고 조나라를 떠나는 날, 희부기는 음식 속에 보물을 숨겨 중이 일행에게 건넸다. 중이는 일행을 위해 음식은 받았지만 보물은 받지 않았다. 희부기는 고국의 앞날이 걱정되었다.

변태 군주 때문에 마음에 상처를 입은 중이 일행에게 또 다른 상처를 준 나라가 위나라였다. 위나라는 아예 방랑하는 망명객을 대접하기 귀찮다며 중이 일행이 성안으로 들어오는 것도 허가하지 않았다. 배고픔을 참으며 성 밖을 빙 돌아서 이동하던 중이 일행은 농부들이 밥을 먹고 있는 것을 발견했다. 중이는 신하를 보내 밥을 요청했다.

"우리는 진晉나라 공자 일행이오. 먼 길을 오느라 식량이 떨어져서 그런데 밥 한 끼만 먹여 주시오."

하지만 농부들의 대답은 차가웠다.

"어찌 사내대장부가 스스로 얻지 않고 밥을 구걸한단 말이오. 우리도 밥을 먹지 않으면 힘내어 농사일을 할 수 없소."

여기까지만 했으면 좋았을 텐데 농부들의 비아냥이 계속 이어졌다. 그들은 흙덩이를 중이 일행에게 건네며 말했다.

"이걸로 밥을 해 먹든지 밥그릇을 만들든지 하쇼."

잔소리는 참을 수 있지만 비아냥까지 참을 수는 없었다. 꾹 참고 발걸음을 돌리는 중이의 마음에 위나라에 대한 분노가 크게 자리 잡았다.

한편 조나라에 이어 중이 일행의 다음 행선지는 송나라였다. 송나라 군주는 예의를 갖추기 위해 물을 건너는 적군을 공격하지 않았던 바로 그 송 양공이었다. 중이 일행이 송나라에 도착했을 당시 송나라는 '송양지인'으로 초나라와의 전쟁(홍수 전투)에서 크게 패한 때였다. 송 양공은 중이 일행을 도울 여력이 없었다. 대신 말 20필을 주면서 다른 나라에서 도움을 받을 수 있도록 도와주었다.

긴 방랑길에는 생각하지 못한 어려운 일이 빈번히 발생하기 마련이다. 위기의 순간이 시시때때로 그들의 앞길을 가로막기 일쑤였다. 그러던 중 중이를 따르던 신하 하나가 도망가는 일이 발생했다. 그 신하의 이름은 '두수'로, 그는 중이를 따르는 여정에 회의를 느꼈다.

'이리 어렵게 가서 내가 믿는 저자가 왕이 될 수 있을까?'

눈앞의 한 수만을 보고 이름처럼 두 수를 읽지 못한 것인지 두수는 중이 일행의 여행 경비와 먹을 것까지 모두 훔쳐 사라졌다. 두수 때문에 중이 일행은 언제 입에 음식을 넣었는지 기억조차 희미해진 채로 힘든 행군을 해야 했다. 오랫동안 굶고 있는 중이의 모습을 보다 못한 한 신하가 자기 넓적다리를 잘라 그에게 먹게 했을 정도로 힘든 방랑의 시간이었다. 선뜻 자신의 넓적다리를 바친 신하의 이름은 '개자추'였다. 나중에 중이가 자기 나라로 돌아가 군주가 되었을 때 배신자 두수와 살신성인한 개자추에게 내린 벌과 포상은 무엇이었을까? 아주 흥미로운 반전이 기다리고 있다.

# 90리를
# 물러나 주겠소,
# 중이와 퇴피삼사

중이 일행은 갖은 어려움을 겪고 드디어 초나라에 도착했다. 중이 일행의 여정은 이제 거의 끝을 향하고 있었다. 다행히 초나라의 성왕은 중이 일행을 극진히 대접했다. 마치 진晉나라 군주가 초나라를 직접 방문한 것 같은 대우였다. 중이 일행이 어느 정도 휴식을 취한 뒤 초 성왕은 중이와 회담 지리를 마련했다. 군주와의 회담은 중이 일행에게는 처음이었다. 사실 그 자리는 초 성왕이 중이가 과연 군주가 될 만한 그릇인지 시험하려고 만든 자리였다. 초 성왕은 중이에게 나지막하게 물었다.

　"만약 공자께서 저의 도움을 받아 진나라에 귀국해 군주가 된다면 무엇으로 과인에게 보답할 수 있겠소?"

　초 성왕은 대답에 따라 자신이 중이를 후원하여 군주로 만들어 줄 수도 있다는 의도를 내비치고 있었다. 도움을 바라는 중이의 속을 꿰뚫어 보는 질문이었다. 거기에 진晉 혜공이 진秦 목공에게 군주가 되는 걸 도와주면 자기 영토를 선물하겠다고 약속했다가 배신했음을 비난하는 내용도 동시에 담겨 있었다. 진 혜공은 중이의 동생이었으니까. 무례하지 않지만, 한마디에 모든 의미를 담고 있는 멋진 질문이었다. 역시 영웅 사이의 대화는 말 한마디가 예사롭지 않다.

　일반적으로 기대할 수 있는 대답은 '내가 제후가 되도록 도와준다면 나는 절대 약속을 어기지 않겠다'일 것이다. 중이는 잠시 뜸을 들였다가 말했다.

"대왕께서는 이미 세상 어떤 보물도 다 가지고 계십니다. 무엇을 드려야 할지 잘 생각이 나지 않는군요."

그리고 이어진 대답은 초 성왕이 전혀 예상하지 못한 것이었다.

"만약 제가 대왕의 힘을 빌려 진나라로 돌아간다면 두 나라의 우호를 다지면서 백성을 편안하게 하고 싶습니다. 그러나 어쩔 수 없이 평원에서 대왕의 군대와 적으로 마주치게 된다면 제가 먼저 사흘간의 행군 거리를 뒤로 후퇴해 드리겠습니다."

위험한 발언이었다. 자신이 왕이 되면 초나라와 전쟁을 치를 수도 있을 뿐 아니라 수십 킬로미터를 양보해도 이길 수 있다는 자신감이 담긴 발언이었기 때문이다. 대화 사이에 짧은 정적이 흘렀다. 초나라 왕이 중이의 제안을 위협으로 받아들일 것인가 아니면 흥미로운 도전으로 받아들일 것인가! 초 성왕의 성격에 대한 중이의 판단이 옳았는지에 모든 것이 달려 있었다.

하지만 영웅들의 대화에서 어색한 침묵을 깬 사람은 옆에 있던 '성득신'이라는 이름의 초나라 장군이었다.

"네 이놈! 여기저기 떠돌던 거지 공자 일행을 먹이고 재우며 대우해 주니 못 하는 말이 없구나. 대왕이시여. 차라리 여기서 저것들을 죽여 버리는 것이 어떻겠습니까?"

팽팽한 대화의 긴장이 풀어져 버린 초 성왕은 흥분한 성득신을 제지하며 담담하게 말을 이었다.

"우리 나라에 찾아온 중이 공자는 매우 덕이 많은 사람이다. 그렇게 길고 긴 유랑 속 갖은 고생에도 비범한 신하들이 그의 주변에 이렇게 많이 남아 있지 않은가. 지금 진晉나라의 왕(혜공)은 나라 안팎에서 엄청나게 미움을 사고 있다 들었다. 하늘이 진나라 왕으로 중이를 원하고 있는 것이 틀림없다. 그를 죽이면 하늘을 거역하는 것이니 그 죄를 어떻게 감당할 수 있겠는가!"

초 성왕은 이처럼 중이를 높이 평가했다. 그는 중이가 이끄는 군대가 자신의 군대에 맞서 사흘 동안의 행군 거리를 후퇴해 주는 날이 언젠가 올 것이라고 생각했다. 초나라 성왕의 호칭은 '왕'이었다. 군주의 호칭이 공이 아니라 왕이라는 것은 주나라의 예절과 법도를 따르지 않는 이민족 국가라는 뜻이기도 하다. 하지만 중이는 오히려 수많은 제후 국가에서 느꼈던 것보다 더 훌륭한 덕성과 인품을 성왕에게서 느꼈다. 당시 하루 행군 거리는 약 12㎞, 즉 초 성왕의 군대를 앞에 두고 사흘 동안의 행군 거리인 36㎞를 후진해 주겠다는 중이의 호언장담이 실제로 일어날 수 있을까? 다른 사람과 다투지 않고 양보하며 물러나는 것을 뜻하는 고사성어 **퇴피삼사**는 이렇듯 중이의 제안에서 유래한 말이다.

---

고사성어  ・퇴피삼사  **退**물러날 퇴 **避**피할 피 **三**석 삼 **舍**삼십 리 사

# 왕의 귀환

오랜 유랑 생활을 끝내고
드디어 진나라에 도착한 중이

중이의 유랑 생활이 초나라에서 슬슬 끝나 가고 있을 무렵, 그의 고국인 진晉나라 상황을 살펴보자. 배신의 아이콘 진晉 혜공은 진秦 목공의 믿음을 계속해서 깨뜨렸다. 군주 자리에 앉는 것을 도와주면 영토를 바치기로 했던 약속을 어겼으며, 진晉나라에 흉년이 들자 은혜를 베풀어 도와주었더니 다음 해 진秦나라에 흉년이 들었을 때 오히려 침략해 오기도 했다. 더는 참을 수 없었던 진 목공은 진나라를 격파하여 혜공을 인질로 잡았다. 그러고 나서 진 혜공을 풀어 주는 대신 그의 태자를 인질로 잡아 놓았다. 여기까지가 지난 줄거리이다.

그러던 기원전 637년, 진 혜공이 사망하자 문제가 발생했다. 인질로 진秦나라에 억류 중이던 진晉나라 태자가 몰래 빠져나가 자기 나라로 도망친 것이다. 인질이 도망갔다는 것은 외교적으로 큰 결례였다. 도망친 태자 입장도 어느 정도 수긍이 갈 만한 상황이었다. 그는 하루라도 빨리 귀국해 아버지 장례를 치르고 군주로 등극해야만 했다. 자칫하다가는 다른 공자가 왕위를 이을 수도 있기 때문이다. 그러면 자신의 입지는 공중에 붕 뜨고, 더 이상 인질로 이용 가치가 없어지는 상황이 된다. 그래서 태자는 위험한 시도이긴 했지만, 일단 자신의 진晉나라로 몰래 탈출해 공석인 왕위를 계승하고 그다음에 진秦나라를 설득하기로 했다. 그는 계획대로 왕위를 계승하는 데 성공했으며, 그렇게 진晉나라의 새로운 군주 '회공'이 되었다.

인질이었던 태자가 무단으로 탈출했다는 사실에 진秦나라는 분노했다. 영토를 주겠다는 약속은 군주가 되기 전의 약속이라 지킬 필요가 없었다는 변명은 덕으로 이해하고자 했으나, 흉년 때 도와준 일을 잊고 도움을 돌려주기는커녕 자신의 나라로 쳐들어온 데다가, 인질로 잡혀 있겠다는 약속까지 너무나 가볍게 깨 버리는 진晉나라를 향한 진秦 목공의 불만은 이제 분노로 변해 가고 있었다.

진晉나라의 새 군주 회공 역시 진秦나라의 불만과 분노를 모르는 바는 아니었다. 진 회공은 생각했다.

'진秦나라는 언제든지 이 나라를 공격할 수 있다. 인질이 약속을 깨고 여기로 도망쳤기 때문이다. 도망친 인질은 사실 나다. 하지만 나도 사정이 있었다. 이젠 걱정할 때가 아니라 대비해야 할 때다. 만일 진秦나라가 우리를 공격해 나를 죽이거나 잡아간다고 해도 나머지 사람들로선 문제될 것이 없다. 왜냐하면 나 대신 우리 나라의 군주를 맡길 사람이 있기 때문이다. 바로 중이 삼촌이 살아 있는 바람에 내 입지가 흔들리고 있다.'

중이는 자신도 모르게 동생에게 받았던 미움을 조카에게도 받게 되었다. 그때부터 진晉 회공은 중이 삼촌이 고국으로 돌아오려고 할 때 나라 내부에서 도움을 줄 가능성이 있는 사람을 모조리 제거하기 시작했다. 중이와 관련 있는 인물을 철저히 조사하고 조금이라도 관련이 있으면 감옥에 가두거나 처형했다. 지금 비록 누추하게 방랑 중이지만 중이는 왕족이었다. 얼마나 관계있는 이들이 많았겠는가? 진 회공의 무시무시한 공포 정치 때문에 그의 인기는 왕이 되자마자 바닥으로 곤두박질쳤다.

진 회공의 즉위를 둘러싼 두 진나라의 상황을 파악하고 있던 초 성왕은 이제 때가 무르익었다고 생각했다. 성왕은 중이를 서쪽 진秦나라로 보냈다. 중이가 도착하자 진秦 목공은 그를 아주 소중한 왕족으로 대우했다. 도지히 못 믿을 사람들이었던 진晉 혜공이나 회공과 달리, 진 목공이 보기에 중이는 완전히 '신뢰의 아이콘'이었다.

중이가 드디어 바로 옆 나라에 도착했다는 소문에 진晉나라는 발칵 뒤집혔다. 진 회공의 공포 정치에 질린 사람들은 중이의 귀환을 간절히 기다렸다. 이제 왕의 귀환이 시작될 시간이었다. 유랑 공자 중이가 진 목공의 도움으로 19년 만에 귀국했다. 예고편이 엄청나게 긴 영화였다. 중이가 귀환하자 진 회공은 도망갔고, 기원전 636년 62세의 중이는 진晉나라 군주, '진 문공'이 되었다. 진 문공이 왕위에 올랐다는 사실에 이웃 나라이자 어머니의 나라였던 적나라는 축하 사절을 보냈다. 그런데 그 축하 사절에는 적나라 시절 중이의 아내가 포함되어 있었다. 오랜만에 만나는 아내를 맞이하며 중이가 물었다.

"오랜만이오. 지금 나이가 어떻게 되오?"

"우리가 헤어진 지 8년째입니다. 저는 이제 서른둘입니다."

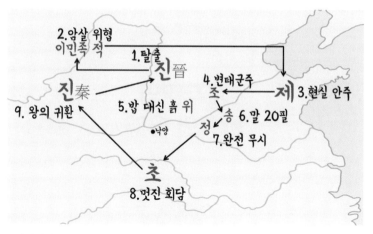

중이의 여정, 19년은 중이를 단련하는 시간이었다.

"다행히 25년이 지나지는 않았구려."

중이는 유랑 시절에 아내를 세 명이나 얻었다. 적나라 여인과 제나라 공주 그리고 진<sub>秦</sub> 목공의 공주. 중이의 인품으로 볼 때 세 명의 아내에게 모두 잘했을 것이라 상상되는데 그래서인지 세 아내도 모두 사이좋게 지냈다고 한다. 이렇게 중이의 긴 유랑 생활이 마무리되었다.

### ★ 고사성어 하나 더

**기강(紀綱)을 잡다**

진(秦)나라 목공은 귀환을 돕는 과정에서 자기 딸을 중이 또는 진(晉) 문공에게 시집보냈다. 딸 바보였던 진 목공은 소중한 딸이 타고 있는 수레가 거센 황하 물결에 떠내려가지 않도록 정예병 삼천 명이 수레를 그물망처럼 둘러싸게 하여 강을 건너도록 했다. 그 이후로 그물망처럼 질서 정연한 군사들을 '**기강지복(紀綱之僕)**'이라고 부르게 되었으며, 가장이 집안을 잘 다스린다는 의미의 '기강을 잡는다'라는 표현도 여기에서 유래하였다.

# 개자추와
# 한식의 유래

진 문공은 자신의 잘못된
판단으로 목숨을 잃은 개자추를
기리기 위해 차가운 음식을
먹었다.

이제 군주에 오른 진 문공이 해야 할 가장 중요한 일이 있었다. 그것은 긴 유랑 생활 동안 자신을 도와준 공로를 논하여 상을 주는 논공행상論功行賞이었다. 군주가 되어 같이 고생한 신하들에게 상을 내리는 일은 주는 사람도, 받는 사람도 그동안의 고생에 대한 보답이었을 테니 얼마나 기쁜 일이겠는가. 그리고 여기서 두 명에 대한 처분이 특히 더 궁금해진다. 가장 어려울 때 곡식과 금전을 모두 훔쳐 달아났던 '두수'와 굶주렸던 자신을 먹이기 위해 다리를 내어 준 '개자추.' 그들의 그 이후를 살펴보자.

군주가 되어 고생한 신하들에게 상을 내리고 있는 진 문공 앞에 돈과 음식을 갖고 도망가 일행을 지독한 고행길로 인도한 두수가 찾아왔다. 엎드려 잘못을 빌어도 모자랄 지경인데 오히려 제 발로 당당하게 걸어 들어와 말을 꺼냈다. 분노에 가득 차 있는 문공에게 두수는 어떻게 말하여 위기를 빠져나갔을까? 그는 오히려 의기양양하게 말했다.

"왕이 되신 공께 축하를 올립니다. 이제 나라를 안정시키시고 백성을 위로해 주시옵소서. 그러려면 좋은 인재가 필요하실 텐데, 예전 왕을 모셨던 신하들이 처벌을 받을까 두려워 나서지 못하고 있사옵니다. 저를 용서하시어 큰 죄를 지어도 용서를 받을 수 있다는 선례를 남기심이 어떠하오리까?"

문공의 고민을 정확히 꿰뚫고 있는 두수의 제안이었다. 과거 그의 잘못은 괘씸하고 원망스러웠지만, 그가 하는 말은 일리가 있었다. 생각도 있는 자인 것 같아 제법 높은 벼슬로 그를 이용해 보기로 했다. 그리고 문공은 크나큰 과오를 저지른 두수에게조차 벼슬을 내렸는데, 자신에게 다리를 내어 준 개자추를 아직 포상하지 않았음을 깨닫고 서둘러 개자추를 찾으라 명을 내렸다.

중이가 유랑 생활을 끝내고 문공이 된 후 수많은 사람이 자신의 노고를 인정받으려고 노력하는 와중에도 개자추는 자기 공로를 과시하지 않았다. 개자추에게 있어 중이가 왕에 오른 것은 하늘이 선택한 것이지 신하 덕은 아니었다. 그래서 상이나 벼슬을 받기 위해 노력하는 이들을 보고 '하늘의 공로를 욕심내는 것'이라며 비난했다. 여기서 나온 것이 바로 **탐천지공**으로, 다른 사람의 공을 탐내는 것을 뜻하는 고사성어이다.

진 문공이 가까스로 개자추의 소식을 알았을 때 그는 이미 늙은 어머니를 모시고 산속 깊숙이 사라진 뒤였다. 어떻게든 상을 주고 싶었던 문공은 온 산을 뒤지라 명했으나 나무가 너무 울창하고 험해서 도저히 찾을 수가 없었다. 고심하던 문공은 산에 불을 질러 그가 내려오기를 기다렸다. 하지만 산 전체가 타들어 가도 개자추의 흔적은 발견되지 않았고, 다 타 버린 산을 수색하고서야 그를 찾을 수 있었다. 어머니를 감싸 안은 채 한

나무를 잡고 탄 시신이었다. '나무를 안고 불에 타 죽는다'라는 뜻의 **포목소사**는 바로 개자추를 뜻하는 사자성어이다. 산에 불을 지르라고 지시했던 문공의 슬픔과 후회는 이만저만이 아니었다. 문공이 개자추를 찾고자 산을 불태운 날은 날씨가 좋기로 유명한 음력 3월 청명절이었다. 그는 그 시기가 되면 개자추를 기리기 위해 불을 피우지 말라는 명령을 내렸다. 백성은 불을 피워 음식을 데울 수 없었기에 며칠간 차가운 음식을 먹어야 했다. 이것이 바로 우리나라 명절 중 하나인 **한식**의 기원이다.

---

 **고사성어**
- **탐천지공**    貪탐낼 탐 天하늘 천 之~의 지 功공 공
- **포목소사**    抱안을 포 木나무 목 燒불사를 소 死죽을 사
- **한식**        寒찰 한 食밥 식

★ **고사성어 하나 더**

**한식에 죽으나 청명에 죽으나**

한식은 24절기 중 하나인 '청명'과 날짜가 비슷해 '한식에 죽으나 청명에 죽으나'라는 속담이 있다. 나쁜 일이 조금 일찍 오든 늦게 오든 큰 차이가 없다는 의미이다. 이렇게 사용할 수 있다.

"너 그거 알아? 시험이 수요일에서 목요일로 하루 미뤄졌대."

"흠, 나한텐 아무 의미 없어. 한식에 죽으나 청명에 죽으나 매한가지인걸."

---

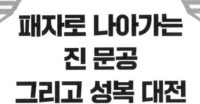

# 패자로 나아가는
# 진 문공
# 그리고 성복 대전

지혜로운 초 성왕은 성복 대전에
패한 후유증을 극복하지 못했다.

진晉 문공은 슬픔 속에 논공행상를 마무리한 후 새로운 정권에 불만을 품은 반란군들도 물리치면서 왕권을 안정시켰다. 그가 왕이 된 지 2년이 지난 기원전 635년, 모든 나라의 정신적인 지도국이던 주나라에 반란이 일어났다. 주나라 왕이 동생에게 왕위를 뺏기고 작은 성으로 피신한 것이다. 이에 진 문공은 군사를 일으켜 동생을 토벌하고 다시 주나라의 왕을 바로 세웠다. 정신적인 지도국이 주나라였으므로 주 왕조를 지키고 신뢰를 얻은 일은 많은 나라와 전쟁하고 승리를 거둔 것보다 더 가치 있는 업적이었다. 이제 진 문공은 패자로 가는 지름길을 탄 것이나 다름없었다. 주나라 왕에게 감사의 선물로 땅까지 하사받았으니 이보다 더 좋은 결과가 있을까.

진 문공 4년에 있던 일이다. 이번에는 송나라가 진 문공에게 도와 달라는 요청을 보냈다. 초나라가 송나라를 공격한 것이다. 진 문공은 생각했다.

'송나라는 송양지인으로 홍수 대전에서 패한 이후 어려운 상황에서도 나름대로 성의 있게 말을 선물해 주었던 나라다. 초나라는 어떤가. 비록 이민족의 나라이지만 나를 거의 제후처럼 정중히 대해 주지 않았던가! 어떻게 하지? 그래, 초나라의 동맹국인 조曹나라와 위衛나라를 대신 공격하자. 그러면 초나라

는 송나라를 향한 공격을 중단하고 이들 나라를 구하러 올 것이다.'

하지만 문공의 이런 판단은 백 퍼센트 전략적인 판단만은 아니었다. 위나라는 그곳을 지날 때 밥 대신 흙을 먹으라고 던져 줬던 농민들이 있던 나라였고, 조나라는 문공이 알몸으로 목욕하는데 들어와서 망신을 주었던 나라 아니었던가!

진 문공은 이들 두 나라를 거침없이 공격했다. 위나라는 이내 격파당했고, 특히 밥 대신 흙을 주었던 지역은 철저히 파괴되었다. 한편 조나라 역시 위나라처럼 완전히 파괴당했는데, 특별한 것은 진 문공이 병사들에게 어느 한 지역만은 절대로 공격하지 말라고 철저히 당부했다는 점이다. 그곳은 바로 음식에 보석을 넣어 자신에게 주었던 조나라 신하 희부기가 있는 지역이었다. 이렇게 진 문공은 지혜롭게 다른 나라를 구하면서도 도와준 나라의 은혜를 잊지 않았으며, 유랑 시절 자신을 핍박한 나라들에 철저히 복수까지 했다.

진나라의 무서운 기세에 초나라의 성왕은 생각이 많아졌다.

'진 문공은 예상한 대로 평범한 사람이 아니었어. 그때 살려 두지 말았어야 했을까? 일단 지금은 후퇴하는 것이 나을 것 같다. 우리 군사력이 절대 뒤지지 않지만 지금 진나라 군대는 송나라와 제나라까지 연합해 있다. 이곳은 우리 나라와 너무 멀어서 예상외로 전쟁이 길어지면 군량 보급에 문제가 생길 수도 있다.'

그런데 한 장수가 초 성왕의 의견에 반대했다. 초 성왕과 중이의 회담 때 불같이 화내며 중이를 죽이자고 덤벼들었던 장수 성득신이었다. 그는 지금도 진 문공이 여전히 못마땅한 모양이었다. 순한 이름과 달리 설득이 될 눈빛이 아니었다. 고민하던 초 성왕은 그에게 말했다.

"만약 우리가 진晉나라를 피하면 많은 나라가 우리보다 진나라에 붙어 이익을 도모할 것이다. 그러니 자네가 진나라와 대적하되 절대 가볍게 싸우지 말고 휴전할 수 있는 상황을 만들어 후퇴하라. 이 전쟁은 남북 간의 균형을 잃지 않기 위한 것임을 명심해야 한다."

모든 정세를 파악하고 내리는 초 성왕의 지시였지만, 눈빛으로 보아 성득신은 왕의 의도를 충분히 이해하지 못한 것 같았다.

기원전 632년, 진 문공의 연합군과 초나라 장수 성득신의 성복城濮 대전이 시작되었다. 고대 4대 문명 중의 하나인 황하 문명이 탄생한 이래 중국 민족의 주요 활동 무대는 황하강 유역이었다. 이것은 주나라가 이민족의 침략으로 서쪽 호경에서 동쪽 낙양으로 수도를 옮긴 이후에도 마찬가지였다. 세력이 약해진 주나라를 사이에 두고 많은 제후국이 전쟁을 벌였는데, 그 목적은 황하강 유역, 즉 중원에서의 영향력을 강하게 하기 위한 것이었다. 중원이 아닌 먼 곳에 있는 유목 민족은 오랑캐고 중국 역사와는 무관한 귀찮은 존재였을 뿐이다. 그런데 장강(양쯔

강) 유역에서 초나라가 등장하며 이야기가 달라졌다. 이민족으로 구성된 초나라는 주변 나라를 차례로 정복했으며, 중원의 나라들을 위협하기 시작했다. 제 환공이 나서서 초나라를 굴복시키고 춘추 오패의 첫 번째 패자 지위를 얻기도 했다. 그러나 현명한 군주인 초 성왕이 등장하면서 더욱 강해진 초나라는 중원으로의 영향력을 과시했고 그것을 막기 위한 중원 연합군과의 전투가 바로 성복 대전이었다.

성득신이 지휘하는 초나라의 군대는 약간 불리한 상황이있다. 초나라에서 멀리 떨어진 곳에서 싸워야 했기 때문에 식량이 부족했고, 병사들의 피로가 많이 쌓여 있었기 때문이다. 진 문공이 지휘하는 중원 연합군은 이때를 이용해 곧바로 공격하면 승기를 잡을 수 있었다. 하지만 진 문공은 초나라 군대를 앞에 두고 오히려 사흘만큼의 행군 거리를 뒤로 후퇴했다. 중이였을 때 초나라 성왕에게 한 약속을 지키기 위해서였다. 이때 성득신은 군사들을 되돌려야 했지만, 초 성왕에게 인정받았던 진 문공에 대한 질투와 상황 오판이 맞물려 오히려 본격적인 전투를 준비했다. 진 문공 입장에서도 약속을 지켰으니 이제 빚은 없었다. 두 나라의 전쟁이 시작되었다.

엄청난 규모의 병사들과 전차가 넓은 평원에서 맞붙었다. 호각이던 전투는 어느덧 한쪽으로 기울어 결국 진나라 연합군의 대승으로 마무리되었다. 성득신은 이길 것으로 호언장담했던 전투에서 패한 책임을 지고 스스로 목숨을 끊었다. 지혜로운 군주였던 성왕이 직접 전투를 지휘했으면 어땠을까? 아니면 기세등등한 성득신을 설득해 다음을 기약했다면? 진나라 연합군의 성복 전투 승리는 큰 의미가 있었다. 중국 중원으로 진출하려던 초나라의 장기적인 계획이 완전히 좌절된 전투였다.

전쟁 패배 이후의 혼란은 최종 책임자인 초나라 성왕의 왕권을 위협했고 결국 반란이 일어났다. 반란군 수장은 한때 태자였다가 쫓겨난 후 아버지에 대한 앙심을 품고 있었던 성왕의 아들이었다. 반란군에게 사로잡힌 초 성왕은 마지막 지혜를 짜내어 아들에게 이렇게 말했다고 한다.

"죽기 전에 곰 발바닥을 먹고 싶다. 아비의 마지막 소원인데 들어줄 수 있겠지?"

하지만 성왕의 지혜를 익히 알고 있는 아들이었다. 곰 발바닥 요리는 삶는 데만 며칠이 걸린다. 성왕은 시간을 벌어 자신의 세력이 도와주러 오기를 기다리려는 것이다. 반란군이 자신의 의도를 눈치채자 모든 것을 체념한 성왕은 기원전 626년 스스로 죽음을 선택했다.

한편 강대국인 이민족 국가 초나라를 물리친 진晉 문공은 진정한 패자로 우뚝 섰다. 진 문공은 제후들을 불러 모아 회맹을 열어 패자임을 공식적으로 인정받았다. 하지만 춘추 시대 두 번째 패자인 진 문공은 성복 대전 이후 2년 만에 세상을 떠났다. 그가 각지를 떠돌며 유랑했던 기간이 19년이었는데, 왕위에 있었던 기간은 9년에 불과했다. 하지만 그 짧은 기간에 군주국인 주나라의 천자를 도왔고, 성복 대전에서 초나라를 물리쳤으며, 회맹을 개최하는 등 패자에 어울리는 위대한 업적을 세웠다. 제나라는 환공이 죽은 후 이어 나갈 사람이 없어 곧바로 패자의 권위를 상실했지만, 진나라는 문공 이후에도 여전히 강대국 지위를 유지하였다. 이렇게 춘추 시대 두 번째 패자인 방랑 공자 중이의 파란만장한 이야기가 마무리되었다.

---

### ★ 고사성어 하나 더

**결초보은** 結맺을 결 草풀 초 報갚을 보 恩은혜 은

진(晉)나라 문공을 수년 동안 따랐던 용맹한 장수 '위주'에게는 나이 들어 새로 맞이한 젊은 아내가 있었다. 시간이 흘러 병석에 눕게 된 위주는 아들 '위과'를 불러 자신이 죽으면 젊은 새어머니를 친정으로 돌려보내 새로 결혼할 수 있도록 도와주라고 지시했다.

그런데 위주의 병세가 심해지면서 정신까지 혼탁해졌다. 정신이 오락가락하던 위주는 다시 아들에게 자신이 죽으면 새어머니를 함께 묻어 달라고 지시하고 세상을 떠났다. 위과는 아버지가 내린 정반대되는 유언 중에서 어느 것을 진짜 유언으로 받아들일지 고민한 끝에 아버지가 정신이 맑았을 때의 유언을 따르기로 결정하고, 새어머니를 친정으로 보내 다시 결혼할 수 있도록 도와주었다.

세월이 흘러 위과도 진(晉)나라 장수로서 진(秦)나라와의 전쟁에 나섰다. 그러던 어느 날 위과의 군대가 적군에게 밀려 위태로운 상황에 빠졌다. 그런데 이상한 일이 발생했다. 말을 타고 위협하던 적군들이 모두 갑자기 풀밭으로 고꾸라지는 것이 아닌가! 다행히 위기를 넘긴 위과는 전쟁에서 큰 승리를 거두었고 적장도 사로잡을 수 있었다. 그런데 나중에 확인해 보니 누군가가 풀밭의 무성한 풀들을 묶어 매듭을 지어 놓았고, 거기에 적군들이 걸려 넘어진 것이었다. '누가 이렇게 해 놓은 거지?' 위과는 의문을 품었다.

그날 밤, 잠을 자는 위과의 꿈속에 한 노인이 나타나 자신이 풀을 매듭지었다고 고백했다. 그리고 이렇게 말했다.

"나는 그대 새어머니의 아비 되는 사람이오. 그대가 첫 번째 유언을 따른 덕분에 내 딸이 생명을 구했으니 그 은혜에 보답한 것이라오."

여기서 유래한 사자성어가 바로 **'결초보은'**이다. 풀을 묶어 은혜를 갚았다는 뜻으로 죽어서도 받은 은혜를 잊지 않고 보답하는 것을 말한다. 위과의 후손들은 전국 시대에 위나라를 세워 왕족이 되었는데, 이 또한 노인의 축복 때문이 아니었을까?

---

# 오고대부
# 백리해 이야기

진나라 명재상이 된 후 백리해는
극적으로 아내를 다시 만났다.

우나라 선비 '백리해'에게는 말 못 할 고민이 있었다. 사내 대장부로 멋진 벼슬을 구하러 이곳저곳 돌아다니고 싶었지만, 아내와 아들의 생계가 걱정되어 집을 떠날 수 없었다. 남편의 고민을 눈치챈 아내는 그를 보내 주기로 마음먹었다. 그녀는 집에 있는 씨암탉을 잡고 땔감이 없어 문짝에서 뜯어낸 나무에 불을 붙여 마지막이 될지 모르는 근사한 식사를 준비했다. 그리고 슬픔의 환송회를 한 다음 날 떠나는 백리해에게 울면서 말했다.

"성공하면 부디 처자식을 잊지 말아 주세요."

백리해는 반드시 성공해 아내와 자식을 데리러 오기로 마음먹고 긴 여정을 시작했다.

하지만 세상은 만만치 않았다. 전국을 돌아다녀도 그에게 좋은 벼슬자리는 주어지지 않았다. 오랜 시간이 지나 허름한 차림으로 고향 우나라로 돌아왔을 때는 아내도 이미 사라진 뒤였다. 아내 역시 극심한 가난으로 입에 풀칠이라도 할 수 있는 곳으로 떠나야 했던 것이다. 백리해는 큰 슬픔을 느꼈다.

'도대체 나는 무엇을 위해 떠돌아다녔던 것인가!'

하지만 유랑하는 동안 만났던 한 선비의 추천으로 백리해는 우나라에서 작은 벼슬을 얻을 수 있었고, 동료 종지기도 만났다. 이때부터 그의 지혜로움과 충성심에 대한 소문이 우나라를 벗어나 주변 나라에까지 이르게 되었다.

이후의 이야기는 앞서 만나 본 적이 있다. 북쪽 진晉나라가 괵나라를 공격하려고 우나라에 길을 빌려 달라고 하자 종지기와 백리해는 의도를 눈치채고 적극적으로 반대했으나, 우나라 군주는 그 제안을 덥석 받아들였다. 모든 것을 체념한 종지기는 가족을 데리고 우나라를 떠났다. 백리해는 군주를 모시고 끝까지 노력했지만, 우나라의 멸망을 끝내 막지 못했다. 진나라는 백리해의 지혜로움을 알고 벼슬을 주겠다며 회유했지만, 그는 끝내 거절하고 다시 먼 길을 떠났다.

백리해가 도착한 곳은 초나라였다. 아내가 초나라로 떠났다는 소문을 들었기 때문이다. 하지만 그 넓은 곳에서 아내를 어떻게 찾을 수 있겠는가! 백리해는 초나라에서 소를 기르는 일을 하게 되었는데, 얼마나 최선을 다해 소를 길렀는지 그에 대한 소문이 초나라 왕에게까지 전해질 정도였다고 한다.

한편 인재를 찾고 있던 서쪽 진秦나라 목공은 백리해를 데려오고 싶었다. 가축을 기르는 낮은 벼슬을 준 것을 보면 아직 초나라 왕은 백리해가 어떤 인재인지 잘 모르고 있는 것 같았다. 진 목공은 생각했다.

'어떻게 하면 백리해를 데려올 수 있을까? 값비싼 선물을 주고 초나라 왕을 설득해 볼까? 만약 그렇게 하면 오히려 초나라 왕은 백리해의 진가를 알아보고 우리에게 보내지 않을 가능성이 크다. 그렇다면?'

진 목공이 염소 가죽 다섯 장을 줄 테니 진나라에서 죄를 짓고 도망쳐 나온 백리해를 돌려 달라고 제안하자 초나라 왕은 큰 의심 없이 조건을 받아들였다. 작전 성공이었다. 이렇게 진나라에 온 백리해는 '대부'라는 큰 벼슬을 받았고, 왕을 성심껏 보좌하며 인정받았다. 그는 다섯 장의 염소 가죽으로 데려온 대부라는 의미로 **오고대부**라 불렸다. 이때 그의 나이 70세였다. 어느 날 성공한 백리해가 집 정원에서 파란만장했던 지난날을 생각하며 상념에 빠져 있는데, 악공들의 노랫소리가 아련하게 들려왔다. 그런데 가사가 의미심장했다. 그의 심장이 두근거리기 시작했다.

백리해여, 오고대부여
씨암탉을 삶았던 이별이 떠오르네
국을 끓일 때 문에 있는 나무를 뜯어냈지
오늘 부귀해져 나를 잊으셨나

백리해는 노래를 부르는 악공에게 다가가 얼굴을 확인했다. 바로 아내였다. 어떻게 된 것일까? 백리해가 떠난 후 아내의 고생은 이루 말할 수 없었다. 밥벌이를 위해 초나라를 포함하여

---

 **· 오고대부**　　**五**다섯 오 **羖**암양 고 **大夫**대부

여러 나라를 돌아다니다가 우연히 진나라까지 흘러왔는데, 그곳에서 남편이 높은 벼슬을 하고 있다는 사실을 알게 된 것이다. 그녀는 매우 기뻤으나 남편에게 접근하기가 만만치 않았다. 그래서 그녀는 남편 집에 하녀로 취직해 허드렛일을 하면서 기회를 엿보았다. 마침 남편이 정원에 나와 있자 악공들의 연주에 맞추어 노래를 불렀던 것이다. 백리해는 아들도 만날 수 있었다. 지혜로운 아내는 갖은 고난에도 아들을 매우 훌륭한 인재로 키워 주었다. 감동적인 가족 상봉 소식에 진 목공은 그들에게 큰 선물을 내리고, 백리해의 아들에게도 중한 직책을 내려 자신을 보좌하게 했다.

# 세 번째 춘추 오패
# 초 장왕 이야기

# 초 장왕과
# 날지도, 울지도
# 않는 새

다시 날아서 울기 시작한 새,
초 장왕

166

제나라 환공, 진晉나라 문공에 이어 춘추 시대 세 번째 패자를 차지한 나라는 초楚나라이다. 초나라는 장강(또는 양쯔강) 남쪽으로 넓은 영토에 펼쳐져 있었다. 다만 나라 이름에 숲林이 들어간 것으로도 알 수 있듯이 숲이 많아 사람이 실제로 거주할 만한 지역은 한정되어 있었다. 백성 대부분은 숲속에 띄엄띄엄 살고 있는 이민족이었기 때문에 중국 중심부에 있는 나라들로부터 남쪽의 오랑캐라 무시를 당한 적이 많았다. 물론 초나라도 주나라 왕실을 진정으로 인정한 것은 아니었다. 군주 이름을 주나라와 똑같은 급인 '왕'으로 부른 것을 보면 알 수 있다.

초나라는 성왕 때 세력이 크게 성장했다. 하지만 초 성왕은 성복 대전에서 크게 패한 후 권위를 잃고 반란군에 사로잡혔고, 곰의 발바닥을 먹고 싶다고 했다가 반란군의 지도자인 아들 목왕에게 망신만 당하고 자살했다. 아버지를 죽음으로 내몰았던 차가운 지도자 목왕이 죽고 왕위에 오른 사람이 바로 '장왕'으로, 그가 바로 춘추 시대 세 번째 패자인 '초 장왕'이다.

초 목왕이 갑자기 사망하는 바람에 태자였던 초 장왕은 어린 나이에 왕위에 올랐다. 권력 기반이 튼튼하지 않은 상태에서 갑자기 군주가 된 데다가, 자연재해로 민심이 극도로 험한 상태였으며, 심지어 반란이 일어나 반란군이 초 장왕을 인질로 사로

잡기도 했다. 가까스로 풀려나긴 했지만, 산전수전을 다 겪은 초
장왕의 마음속에 이때부터 어떤 변화가 일어난 것이 틀림없었
다. 그는 무슨 결심이라도 한 듯 특별한 행동을 보이기 시작했
다. 그것은 왕의 업무를 일체 중단하고 놀기만 하는 것이었다.
매일 사냥과 잔치로 시간을 보내는 장왕에게 나라를 걱정하는
충신들이 조언하려고 하면 그는 단호하게 말했다.

　"만약 나의 행동을 지적하는 신하가 있다면 지위를 따지지
않고 처벌할 것이오."

　이후 3년 동안 간신들의 세상이 펼쳐졌고 국력은 나날이
약해졌다. 나라를 생각하는 충신들의 걱정은 이만저만이 아니
었다. '오거'라는 이름의 한 신하가 두려움을 무릅쓰고 잔치에
열중하고 있는 장왕에게 다가왔다. 장왕은 그를 보고 말했다.

　"나의 행동을 지적하면 처벌받는다는 지침을 알고 있겠지?
무슨 일로 왔는가?"

　오거는 장왕에게 태연히 말했다.

　"오늘은 제가 수수께끼를 하나 내기 위해 왔습니다."

　"오호, 한번 말해 보거라."

　오거는 오랫동안 준비한 수수께끼를 말하기 시작했다.

　"언덕에 새 한 마리가 있는데 3년 동안 날지도 울지도 않습
니다. 이 새는 어떤 새입니까?"

　장왕은 오거의 질문 의도를 바로 눈치챘다. 언덕의 새는 자
신을 비유하는 것이다. 장왕은 대답했다.

"3년 동안 날지 않았던 새가 다시 날아오른다면 하늘을 찌를 것이고, 3년 동안 울지 않았던 새가 울음소리를 낸다면 세상 모든 사람을 놀라게 하겠지. 경의 뜻은 알았으니 그만 돌아가시오."

오거 역시 군주의 대답에 담겨 있는 의도를 단번에 알아차리고 조용히 돌아갔다.

여기서 유래한 고사성어가 날지도 울지도 않는다는 뜻의 **불비불명**이다. 큰일을 하고자 조용히 때를 기다리는 것을 의미한다. 사실 초 장왕이 3년 동안 나랏일을 돌보지 않고 사냥과 잔치로만 시간을 보낸 이유, 즉 불비불명한 이유는 나라가 너무 혼란스러워 누가 충신이고 누가 간신인지 구별할 수가 없었기 때문이었다. 초 장왕은 그 기간에 주변 신하들을 면밀하게 관찰했고, 어느 정도 그에 대한 답을 얻자 다시 날아서 울기 시작했다. 초나라의 간신은 모조리 처단되었으며, 오거 같은 진정한 충신들과 나랏일을 상의하면서 장왕은 이제 세상으로 나아가기 시작했다.

---

고사성어 ・**불비불명** 不아니 불 飛날 비 不아니 불 鳴울 명

# 구정의
# 무게를 묻다

상하이 박물관에 있는 구정

초 장왕은 군사력을 키워 주변 나라를 차례로 정벌해 나갔다. 그의 병사들은 어느새 중원에 있는 주나라 국경에 다다랐다. 초 장왕은 자신의 세력을 과시하고자 그곳에 병사들을 쭉 펼쳐 대규모 열병식을 시작했다.

"도대체 저게 뭐 하는 짓이지?"

위협을 느낀 주나라 천자는 초 장왕의 의도를 알기 위해 사신을 보냈다. 주나라 사신에게 초 장왕은 단도직입적으로 질문을 꺼냈다.

"혹시 구정九鼎의 무게가 얼마나 되오?"

주나라 사신은 당황했다. 구정이란 중국 9개 지역에서 생산된 금으로 만든 엄청난 크기의 9개의 솥으로, 고대 중국 하나라로부터 전해진 천자를 상징하는 보물이었다. 그런데 그것의 무게를 왜 물어보는가? 생각하던 사신은 초 장왕의 숨겨진 의도를 눈치했다. 그는 사실 이렇게 묻고 있는 것이었다.

'천자의 상징이라는 보물을 이곳으로 가져오려고 하는데 무겁소?'

주나라 왕실을 얕보고 있는 초 장왕에게 사신은 대답했다.

"아직 하늘의 명은 주나라에 있습니다. 대왕께서 굳이 구정의 무게를 아실 필요는 없을 듯합니다."

초 장왕은 크게 웃으며 대답했다.

"하하. 너무 까다롭게 굴지 마시오. 우리 나라의 부러진 창 끝으로 구정을 만들면 되지요."

창끝으로 천자의 상징물을 만든다. 그것은 무력으로 천하를 지배하겠다는 초 장왕의 선전포고였다. 중원 나라들은 주나라 왕에게 제후로 임명받고 군주가 되었기 때문에 명목상으로는 주나라에 충성을 맹세할 수밖에 없었다. 하지만 초나라는 이민족들이 스스로 세운 나라의 군주를 주나라 왕이 형식상으로만 인정해 준 것이다. 따라서 주나라가 갖는 상징적인 지위를 굳이 따를 필요가 없었다.

# 낭자야심과
# 백발백중

백발백중의 명사수, 양유기

초 장왕이 왕이 되고 9년이 지난 기원전 605년의 일이다. 장왕이 다른 나라와 전쟁 중일 때 초나라에 반란이 일어났다. 반란의 주동자는 성복 대전의 패장이었던 성득신을 이었던 '투월초'라는 이름의 장수였다.

투월초는 생긴 것부터 호랑이의 모습과 어울리지 않는 이리의 목소리를 가지고 있었으며 끝없는 야심을 지니고 있어 현명한 사람들은 그가 **낭자야심**을 가지고 있다며 경계했다. 낭자야심은 이리가 본래의 야성이 있어 길들지 않는 것처럼, 비뚤어진 마음을 지닌 사람에게 아무리 좋은 교육을 베풀어도 소용이 없으며 배신당한다는 뜻이다. 고사성어대로 투월초는 결국 왕을 배신하는 길을 택했다.

돌아온 초 장왕의 군대와 투월초의 반란군이 강을 사이에 두고 서로를 마주 보았다. 하지만 투월초의 활 솜씨가 너무 뛰어나 선뜻 앞으로 나서려는 장수가 없었다.

이때 '양유기'라는 초나라 병사가 앞으로 나섰다. 양유기는 명궁수였으나 아직 이름이 알려지지 않은 병사였다. 투월초와

---

 • 낭자야심   **狼**이리 랑 **子**놈 자 **野**들 야 **心**마음 심

양유기는 각자 세 발의 화살을 쏴서 승부를 결정하기로 했다. 먼저 쏘는 사람이 유리할 텐데, 양유기는 기꺼이 선공을 투월초에게 양보했다.

투월초의 첫 번째 화살이 공기를 가르며 양유기에게 향했다. 양유기는 자신의 활로 화살을 쳐냈다. 투월초의 두 번째 화살은 좀 더 위협적이었기 때문에 양유기는 몸을 기울여 화살을 피해야 했다. 이를 보고 투월초가 비난을 쏟아 냈다.

"사내대장부가 몸을 움직여 화살을 피하다니 비겁하다!"

양유기가 대답했다.

"알겠다. 마지막 화살이 날아올 때는 피하지 않겠다!"

투월초는 온 힘을 다하여 양유기를 향해 세 번째 화살을 발사했다. 화살은 매서운 소리를 내며 양유기의 얼굴 정면을 향했다. 퍽 소리와 함께 양유기의 얼굴에 화살이 부딪치는 소리가 났다. 하지만 양유기는 쓰러지지 않았다. 그는 화살을 자신의 이로 잡았다.

이제 양유기의 차례였다. 양유기는 투월초가 반드시 몸을 움직여 화살을 피할 것이므로 그때를 노려야겠다고 생각했다. 양유기는 화살 없이 줄만 튕겨 마치 화살을 쏜 것 같은 시늉을 했다. 예상대로 투월초는 몸을 크게 기울여 화살을 피하려고 했다. 그때 양유기의 진짜 첫 번째 화살이 날아 투월초의 머리를 정통으로 맞췄다.

이렇게 단 하나의 화살로 반란을 진압했으며, 양유기는 비로소 명궁으로 이름을 날리게 되었다. 양유기는 버드나무 잎을 백 보 떨어진 곳에서 백 번 쏘면 백 번 다 맞출 수 있었는데, 그로부터 **백발백중**이라는 고사성어가 유래했다.

# 갓끈을 끊은 연회, 절영지연

초 장왕은 갓끈을 끊자고 함으로써 부하의 허물을 덮어 주었고, 구사일생으로 살아난 부하는 목숨을 바쳐 왕을 지켰다.

전쟁에서 이긴 초 장왕이 여러 신하를 모아놓고 성대한 연회를 하고 있었다. 그런데 즐겁게 지내는 와중에 밖에서 바람이 불어와 등불이 모두 꺼졌다. 갑자기 어두워졌지만 다들 취해 있었기 때문에 큰 동요 없이 연회는 계속되었다. 그런데 갑자기 초 장왕의 왕후가 비명을 질렀다. 누군가가 어두운 상황을 이용해 감히 왕후를 희롱한 것이었다. 분위기가 갑자기 냉각되었다.

왕후는 초 장왕에게 호소했다.

"저를 희롱했던 남자의 갓끈을 뜯어냈습니다. 속히 촛불을 밝혀 갓끈이 없는 자를 찾아 주십시오. 그자가 범인입니다."

술김에 저지른 실수라고는 하지만 상대는 왕후였다. 범인이 밝혀진다면 그는 처형을 당하게 될 것이었다. 초 장왕은 오랜 시간 고민했다. 그리고 나지막이 말했다.

"오늘은 촛불을 켜지 않고 계속 연회를 즐깁시다. 그리고 우리 모두 갓끈을 끊어 냅시다."

유일한 증거인 갓끈을 모두 끊어 내자는 것은 범인을 찾지 않겠다는 장왕의 선언이었다.

3년 후, 초 장왕은 진晉나라와 전쟁을 벌였는데, 위험에 처한 초 장왕을 한 장수가 죽기를 각오하고 나서서 구하고 전쟁을 승리로 이끌었다. 초 장왕은 자랑스러운 그 장수를 불러 물었다.

"얼굴이 낯설구나. 과인이 평소에 잘 대우하지 못했던 장수 같은데 어찌 그렇게 목숨을 바칠 각오로 용맹스럽게 싸웠느냐?"

그의 입에서 놀라운 이야기가 흘러나왔다.

"대왕이시여, 저는 3년 전에 이미 죽은 사람입니다. 연회에서 왕비님을 희롱한 사람이 바로 저였기 때문입니다. 하지만 대왕의 갓끈을 끊어 주신 결단으로 저는 목숨을 구할 수 있었고, 그 하늘 같은 은혜를 갚고자 목숨을 바쳐 싸웠을 뿐입니다."

이 이야기에서 기원한 사자성어가 '갓끈을 끊었던 연회'라는 뜻의 **절영지연**으로 아랫사람의 허물을 덮어 주는 리더의 넓은 마음을 뜻하며, 남의 잘못을 관대하게 용서하면 보답이 따른다는 의미도 있다.

하지만 고사성어는 당시 시대관에 따라 만들어진 것이므로 시대가 변함에 따라 해석의 여지가 다양할 수 있다. 여성 인권의 중요성이 부각되고 있는 현대 사회의 관점에서 볼 때, 연회 분위기를 이어 가기 위한 초 장왕의 선택은 아내인 한 여성이 당한 성희롱을 방치하고 침묵한 일이었다. 이는 명백한 이차 가해이며 리더로서 부적절한 선택이다. 이를 방지하기 위한 예로 절영지연의 고사를 사용하는 것도 좋을 것 같다.

---

 **고사성어** ・ **절영지연**　絶끊을 절 纓갓끈 영 之~의 지 宴잔치 연

# 필 전투를
# 승리로 이끈
# 초 장왕

도망칠 배가 부족한
진나라 병사들은 끔찍한 상황에
빠졌다.

초나라가 중국 중심부로 진격하는 방향에 있는 나라가 바로 정나라였다. 정나라는 강대국 초나라와 진晉나라 사이에서 이러지도 저러지도 못하는 신세였다. 진나라와 동맹을 맺으면 초나라가, 초나라와 동맹을 맺으면 진나라가 공격해 왔다. 이래 저래 정나라 영토만 쑥대밭이 되는 것이었다. 정나라 입장에서는 초나라와 진나라 사이에서 계속 동네북이 되는 것보다 확실하게 한쪽으로 결정하는 것이 좋았다.

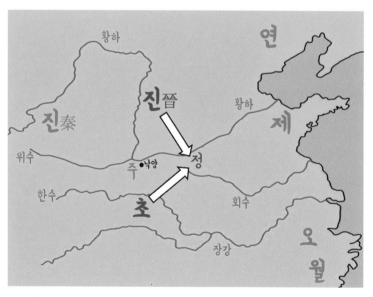

중원 한복판에 있는 정나라는 북쪽 진나라와 남쪽 초나라의 집중 견제를 받았다.

기원전 597년, 초나라 장왕은 정나라를 침범했다. 이에 진나라는 정나라를 구하고자 군사를 파견했다. 하지만 정나라는 자국의 피해를 최소화하고자 초나라에 빠르게 항복했다. 정나라의 빠른 투항에 당황한 것은 진나라였다. 정나라를 구하러 가고 있었는데 구할 대상이 사라진 셈이었다. 진나라 진영은 고민에 빠졌다. 이대로 병사들을 되돌릴 것인가 아니면 끝까지 전진하여 초나라와 결판을 낼 것인가. 아직 결론이 나지도 않았는데 전쟁을 원하는 일부 장수들이 총사령관의 의견을 듣지도 않고 황하를 건너가 버렸다. 이에 나머지 장수들도 마지못해 따를 수밖에 없었다. 하지만 황하를 건너고 나서도 진나라 본진에서는 전진과 후퇴를 주장하는 장수들의 갑론을박이 매일 벌어졌고, 병사들의 투지는 점점 약해져 갔다.

그런데 그곳으로 초나라 병사들이 갑자기 들이닥쳤다. 진나라 진영의 혼란을 틈타 초 장왕의 기습이 시작된 것이다. 당황한 진나라 병사들은 초나라의 공격을 피해 강을 건너 도망가려 했다. 그런데 강을 건널 배가 부족해 진나라 병사들은 배를 타기 위해 서로 밟고 죽이며 아우성을 쳤다. 대혼란이었다. 배가 출발했을 때 미처 타지 못한 병사들은 뱃전을 우르르 붙잡았다. 너무 많은 병사가 매달리자 배가 가라앉아 배에 탄 병사와 매달린 병사들 모두 익사하기도 했다. 이를 본 다른 배에 탄 병사들은 배를 붙잡고 있는 병사들의 팔과 손가락을 잘라 내기 시작했다. 끔찍한 상황이 계속 이어졌다. 미처 강을 건너지 못한 진나

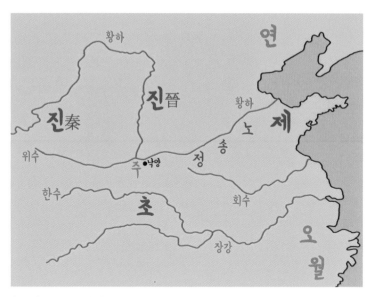

춘추 시대 후반부 4대 강대국과 주나라 수도 낙양

라 병사도 초나라 병사에게 허무하게 무너졌다.

전투가 벌어진 지역이 황하 남쪽의 '필'이라는 언덕이었기 때문에 이 전투를 '필 전투'라고 하는데, 중국 중심부를 차지하기 위한 진나라와 초나라의 두 번째 대규모 전투였다. 첫 번째 전투인 성복 전투는 진나라 문공이 승리했고, 두 번째 전투인 필 전투는 초나라의 장왕이 승리를 거두었다. 필 전투 이후에도 초 장왕은 승승장구하여 2년 후에는 송나라까지 격파했다. 연이어 노나라까지 초나라에 복종을 선언하면서 초 장왕은 중원의 패권을 차지했고, 춘추 시대 세 번째 패자로 등극할 수 있었다.

하지만 진晉나라는 여전히 강대국이었다. 패자 초 장왕이 죽고 그의 아들이 왕으로 있던 기원전 575년, 초나라와 진나라의 세 번째 대규모 전투가 있었다. '언릉 전투'였다. 이 전쟁에서는 다시 진나라가 승리했다. 두 나라 사이에 소모적인 전투가 이어지자 진晉나라와 초나라는 휴전 협상을 했고, 이후로는 강력한 패자가 등장하기보다는 4개의 강대국이 서로 견제하는 상황이 이어졌다. 4개의 강대국이란 북쪽 진晉나라, 남쪽 초楚나라 그리고 동쪽 제齊 나라, 서쪽 진秦나라였다. 주변 국가들은 이제 4개 강대국의 눈치를 볼 수밖에 없었고, 주나라를 섬기겠다는 정신은 서서히 엷어졌다.

★ 고사성어 하나 더

**각주구검   刻**새길 **각 舟**배 **주 求**구할 **구 劍**칼 **검**

초나라의 어떤 사람이 배를 타고 강을 건너다가 실수로 칼을 강물에 빠뜨리고 말았다. 그는 깜짝 놀라 뱃전에 칼이 여기에서 빠졌다고 위치를 표시했다.
'칼이 떨어진 자리에 표시를 해 두었으니 나중에 찾을 수 있겠지.'
이윽고 배가 반대편 강기슭에 닿자 그제야 자신이 뱃전에 표시해 놓은 위치에서 강물로 뛰어들어 칼을 찾기 시작했다. 여기서 유래한 고사성어가 **'각주구검'**으로 '어리석고 융통성이 없음'을 의미한다. 또한 '현실에 맞지 않는 낡은 생각을 고집하는 경우'에도 사용한다. 강물 위의 배처럼 세상은 움직이고 있는데 그것을 생각하지 못하고 있기 때문이다.

# 네 번째와
# 다섯 번째 춘추 오패
# 오 합려와 월 구천

# 오자서,
# 음모에 희생되어
# 오나라로 탈출하다

내 반드시
초나라를
멸망시키리라

초나라

오자서

초 평왕과 간신 비무극이 꾸민
음모의 희생양이 되어 오자서는
아버지와 형을 잃고 초나라를
탈출해야 했다.

초 장왕의 손주였던 초 평왕에게는 '비무극'이라는 이름의
신하가 있었다. 비무극에게는 아주 비상한 재주가 있었는데, 그
것은 음모를 꾸며 경쟁자들을 제거하는 것이었다.

한편 초 평왕의 태자에게는 두 명의 스승이 있었다. 큰 스
승은 '오사'라는 이름의 초나라 명문 가문 출신 학자였고, 비무
극은 작은 스승이었다. 인격과 가르침에 차이가 있었는지 태자
는 오사를 잘 따른 반면에 비무극을 좋아하지 않았다. 비무극은
오사가 태자의 신임을 받는 것이 몹시 거슬렸기 때문에 경쟁자
오사를 제거하려고 작전을 개시했다. 그것은 태자를 타국의 공
주와 결혼시키는 일로 시작되었다.

신부는 현재 휴전 중인 진나라와의 관계 개선을 위해 진
나라 공주로 결정되었다. 그런데 문제는 진나라 공주가 너무 아
름다웠다는 것이었다. 비무극은 이를 이용해 초 평왕의 마음을
흔들었다.

"대왕이시여, 진나라 공주가 너무 아름답습니다. 왕께서 결
혼하시어 많은 날을 행복하게 지내심이 어떠하옵니까? 태자에
게는 다른 신부를 구해 주면 될 것이옵니다."

비무극은 아버지에게 아들의 신부를 빼앗으라고 부추기고
있었다. 그런데 초 평왕은 그의 제안을 넙죽 받아들여 진나라

공주와 결혼해 아들도 낳았다. 태자는 너무 황당했다.

어떤 사람에게 용서받을 수 없는 큰 잘못을 저지르면 오히려 그 사람을 피하는 경우가 있다. 이런 심리 상태가 계속되면 거꾸로 그 사람을 미워하기도 한다. 지금 초 평왕의 상황이 그랬다. 태자의 아내를 빼앗은 미안한 마음이 오히려 태자에 대한 미움으로 바뀌고 있었다. 더구나 아름다운 아내가 아들을 낳지 않았던가! 태자를 바꾸고 싶은 마음도 들었다. 비무극은 이런 왕의 심리 상태를 꿰뚫어 보고 있었다.

"대왕이시여, 초나라 북쪽에 큰 성을 쌓아 태자를 보내 지키게 하고 대왕께서 남쪽을 지키시면 우리 나라가 더욱 안전해지지 않겠습니까?"

껄끄러운 태자를 멀리 보내라는 제안이었다. 초 평왕은 기다렸다는 듯이 태자를 궁중 밖으로 쫓아내고 북쪽 국경을 정비하는 일을 맡겼다. 하지만 비무극의 음모는 계속되었다.

"태자가 북쪽 성에서 큰 스승 오사와 함께 반란을 준비하고 있다고 합니다. 아마도 예전에 신부를 빼앗긴 일로 앙심을 품은 것이 아니겠습니까?"

드디어 비무극의 의도가 나타났다. 그는 처음부터 경쟁자인 오사와 자신을 잘 따르지 않는 태자를 제거하려고 했던 것이다.

모든 것은 비무극의 뜻대로 흘러갔다. 초 평왕은 태자를 제거하기 위해 병사들을 북쪽 성으로 보냈다. 하지만 다행히 태자는 소식을 듣고 이미 다른 나라로 도망친 후였다. 평왕과 비무극은 태자를 잡지 못한 것이 오사 때문이라고 생각하고 그를 감옥에 가두었다. 비무극은 이 기회에 오씨 가문의 뿌리까지 제거하기로 했다. 특히 오사의 두 아들이 재주가 뛰어나고 현명한 것으로 유명했기 때문에 나중에 그들에게 복수당할 위험도 있었다(더구나 둘째 아들 오자서는 꽃미남으로도 유명했다). 비무극의 부추김에 초 평왕은 오사에게 말했다.

"지금 당장 네 두 아들을 데려오너라. 그렇지 못하면 그대는 죽을 것이다."

오사는 생각했다.

'이건 나뿐만이 아니라 나의 두 아들을 모두 죽이겠다는 이야기다. 하지만 아들들이 이 소식을 듣는다면 아버지를 살리고자 죽음을 각오하고 달려올 수밖에 없다. 아버지를 살리려고 노력하지 않았다는 비난을 각오하고 훗날의 복수를 준비하는 아들이 반드시 있어야 할 텐데.'

오사는 둘째 아들인 '오자서'가 능히 냉철하게 생각할 수 있을 것으로 믿었다.

초나라 왕의 신하가 오사의 두 아들 앞에서 이렇게 말했다.

"너희가 얌전히 궁중으로 오면 네 아비를 살려 줄 것이되 그렇지 않으면 아비는 죽게 될 것이다."

고민 끝에 궁으로 향하려는 형을 오자서가 막아섰다.

"초나라 왕이 우릴 부르는 것은 아버지를 살려 주려는 것이 아니라 셋을 모두 제거하여 앞으로의 근심을 없애려고 하는 것입니다. 둘 다 가면 셋이 모두 죽게 됩니다. 그러면 복수할 사람이 없습니다."

오자서의 형은 나지막이 말했다.

"그건 알고 있다. 하지만 아버지가 살기 위해서 나를 부르시는데 안 갈 수는 없다. 대신 네 말대로 모두 죽어 복수도 못 한다면 그것 역시 후대에 웃음거리가 될 것 같다. 나는 돌아가서 죽을 테니 너는 탈출하여 복수해다오."

오자서는 가까스로 초나라에서 탈출하는 데 성공했다. 그리고 탈출한 태자와 정나라에서 만날 수 있었다. 태자 역시 어떻게든 병사를 얻어 초나라에 복수할 생각으로 가득 차 있었다. 이때 진晉나라에서 제안이 들어왔다. 진나라 왕은 곧 정나라를 공격하려고 하는데 자신이 밖을 공격하는 동안 태자가 안에서 내분을 일으켜 준다면 정나라를 멸망시킬 수 있다고 말했다. 그리고 달콤한 제안이 이어졌다.

"정나라가 멸망하면 태자님을 정나라 임금에 봉하겠습니다."

진나라의 은밀한 제안에 태자의 마음은 크게 요동쳤다. 만약 그렇게 된다면 정나라 군대를 이용해 초나라에 복수가 가능할 것이다. 하지만 오자서는 태자를 말렸다. 말뿐인 약속인 데다가, 계획 자체가 허술해 탄로 날 가능성이 너무 컸기 때문이다. 그러나 이미 마음을 결정한 태자는 오자서의 말을 듣지 않았고, 무리한 계획을 밀어붙이다 결국 발각되었다. 정나라 왕은

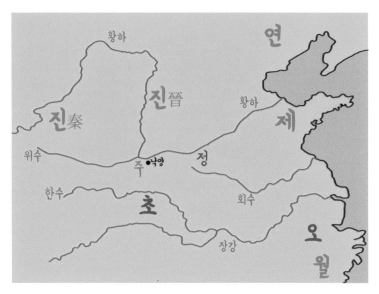

비무극의 간계로 초나라에서 탈출한 오자서는 정나라를 거쳐 오나라로 이동했다.

크게 노하여 태자를 처형했다. 오자서는 다시 탈출해야만 했다.
이렇게 해서 도착한 나라가 바로 오나라였다. 오나라는 기원전
580년대부터 장강 하류에 본격적으로 등장한 신생 국가였다.

# 공자 광의 반란이 성공하다

합려는 왕을 제거하고
스스로 왕이 되었다.

초나라와 진(晉)나라의 휴전 협상 후 중원은 당분간 큰 사건 없이 유지되고 있었다. 그때 남부 지역에서 오나라가 등장했다. 중국 남부 지역에 초나라를 견제할 수 있는 나라가 있다는 것은 진나라에 매우 고마운 일이었다. 진나라 왕은 오나라에 신하를 보내 여러 가지 전투 방법과 무기 제작 노하우를 전수해 주었다. 이런 상황에서 오나라를 특히 발전시킨 군주는 오나라의 19대 왕 '수몽'이었다. 수몽은 오나라의 미래를 위해서는 뛰어난 자식이 군주가 되어야 한다고 생각했다. 수몽에게는 제번, 여제, 여말, 계찰이라는 네 아들이 있었고, 그중 막내 계찰이 제일 현명했다. 이것은 다른 형제도 순순히 인정하는 바였는데, 문제는 계찰이 권력에 욕심이 없어 왕위를 극구 사양한다는 점이었다.

수몽은 어쩔 수 없이 첫째 제번에게 왕위를 물려주었다. 정치적인 혼란을 유발하지 않는 가장 안전한 방법이기도 했다. 하지만 수몽의 아들들은 모두 현명했고, 아버지의 뜻을 잘 이해했다. 그들은 막내에게 왕위가 넘어갈 수 있도록 형제끼리 상속을 하기로 했다. 첫째 제번이 둘째 여제에게, 둘째 여제가 셋째 여말에게 왕위를 넘겼으며, 이제 셋째 여말이 똑똑한 막내 계찰에게 왕위를 넘길 차례가 되었다. 그런데 문제가 발생했다. 막내 계찰이 왕 자리를 끝내 거부하고 도망가 버린 것이다.

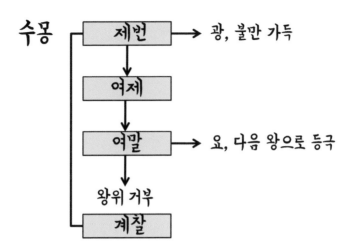

수몽

제번 → 광, 불만 가득

여제

여말 → 요, 다음 왕으로 등극

왕위 거부

계찰

오나라의 왕위 계승도

그러면 다음 왕은 누가 되어야 하는가? 고민하던 신하와 백성은 차선책으로 셋째 여말의 아들을 왕으로 모시기로 했다. 이렇게 해서 왕으로 등극한 이가 오나라 왕 '요'였다. 하지만 이같은 결정에 불만을 가진 사람이 있었다. 그는 첫째 제번의 아들 '광'이었다. 광은 어차피 형제 상속을 안하고 아들 상속을 할 거면 첫째의 아들인 자신이 왕이 되는 게 정당한 순서라고 생각했다. 그는 자신을 도와줄 실력 있는 사람들을 모으기 시작했고, 그중에는 초나라에서 망명한 오자서도 있었다.

오자서는 광을 보자마자 그가 무슨 생각을 하고 있는지 알아차렸다. 그리고 그에게 자신의 동료 '전제'를 소개해 주었다. 광은 전제를 예절로 잘 대우했는데, 어떤 험한 일도 능히 해낼 수 있을 것 같은 전제의 기운은 오자서가 왜 그를 자신에게 소개했는지 알게 했다. 오랜 시간 전제를 지켜보던 광은 전제에게 계획을 드디어 설명했다. 군주(요왕)를 살해하려는 무시무시한 계획이었다. 하지만 전제는 왕자 광이 그동안 자신에게 보여 준 예절과 정성에 감동한 상태였다. 전제는 광에게 말했다.

"알겠습니다. 저는 공자님의 어떠한 명이라도 받을 준비가 되었습니다."

광은 전제에게 말했다.

"고맙네. 생선 구이 조리법을 익힌 후 때를 기다리게."

바로 뜻을 이해한 전제는 3개월간 생선 구이 조리법을 배운 후 명령을 기다렸다.

오나라 요왕은 초나라 왕이 죽고 나서 선왕의 제사 문제로 혼란스러운 상황을 이용해 초나라를 공격했다. 원래 한 나라의 왕이 죽으면 애도 기간에는 서로 전쟁을 하지 않는 것이 춘추 시대 국가들의 암묵적인 예의였다. 하지만 그런 낭만적인 여유도 사라져 가고 있었으니, 이렇게 약육강식의 전국 시대가 다가오고 있음을 알 수 있다. 하지만 초나라는 역시 강대국이었다. 갑작스러운 오나라의 공격을 잘 막아 냈을 뿐 아니라 오히려 오나라 군대가 철수하지 못하도록 퇴로를 막아 포위했다. 결국 본국 오나라에는 출정하지 않은 소수의 병력만이 남아 있게 되었다. 이런 상황이 오나라에겐 위기였으나 왕을 제거하고 왕위를 찬탈하려는 광에게는 일생일대의 기회였다.

광은 요왕을 저녁 식사를 핑계 삼아 집으로 초대했다. 왕은 차마 거절할 수 없었지만 느낌이 이상했는지 병사들을 잔뜩 데리고 왔다. 광은 자연스럽게 왕과 식사를 하며 이런저런 대화를 나누다 예전에 다쳤던 발목이 아프다며 자리를 비우고 곧장 지하 창고로 내려갔다. 지하 창고에는 광의 지시를 받은 무장한 병사들이 대기하고 있었다. 광은 지하에서 신호를 기다렸다.

같은 시간 생선 조리법을 익힌 전제가 직접 구운 생선을 들고 왕에게 향했다. 생선 안에는 칼이 교묘히 숨겨져 있었다. 술잔이 돌면서 긴장이 풀어진 요왕이 맛있는 냄새가 나는 생선을 음미하려는 순간, 눈앞으로 번쩍이는 작은 칼날이 지나감을 느꼈다. 요왕의 마지막이었다. 전제 역시 왕을 지키고 있던 병사들에게 곧바로 죽음을 맞이했다. 하지만 그는 자신의 몫을 다했으며, 그가 거사에 사용했던 칼을 후세 사람들은 **어장검**이라 불렀다. '물고기 배 속에 감춘 칼'이라는 뜻이었다. 왕의 죽음을 신호로 지하 창고에서 잠복해 있던 광의 병사들이 식사 장소로 몰려들었고, 왕과 함께 온 신하와 경비병을 모조리 제거했다. 광의 반란은 성공했고, 그는 오나라 왕 '합려'가 되었다.

---

 **·어장검**　　魚물고기 어 **腸**창자 장 **劍**칼 검

# 오자서, 백비, 손무가 등용되다

궁녀들을 훈련하게 된 손무

왕위를 차지한 합려는 반란에 큰 도움을 주었던 오자서를 재상으로 임명했다. 오자서는 본격적으로 초나라에 복수를 준비했다. 합려와 오자서의 명성과 더불어 빠르게 성장하는 젊은 오나라에 대한 소문이 널리 퍼졌다. 많은 인재가 오나라로 찾아왔는데, 그중 한 명이 '백비'였다. 그 역시 비무극이 음모를 꾸며 일가를 몰살할 때 가까스로 살아남아 오나라로 망명한 사람이었다. 오자서는 자신과 같은 어려움을 겪은 백비를 보고 '같은 병을 앓는 사람들은 서로 동정하는 법이다'라며 자신을 잘 이해해 줄 것이라는 말을 남겼는데, 여기서 **동병상련**이라는 유명한 고사성어가 생겨났다.

　　관상을 잘 보는 한 신하가 백비를 보고 자신에게 방해되는 사람을 말로 제거하는 인상을 가졌으니 멀리해야 할 사람이라고 경고했으나 오자서는 귀담아듣지 않았다. 백비는 오나라에서 '태재'라는 벼슬을 맡았다. 태재는 원래 왕실 재정과 제사를 담당하는 직위였으나 그 범위가 점점 넓어져 한 나라의 모든 행사와 씀씀이를 관리하는 막중한 역할을 하게 되었다. 향후 오자

고사성어　•**동병상련**　　同같을 동 病병 병 相서로 상 憐불쌍히 여길 연

198

서와 대립할 수 있는 위치였다.

합려는 재상 오자서, 태제 백비와 더불어 나라를 이끌어 갈 군사를 담당할 인물로 제나라 출신 '손무'를 선택했다. 그는 유명한 《손자병법》의 저자이기도 하다. 합려는 손무에게 물었다.

"그대의 뛰어난 병법서는 모두 보았네. 병사들을 가르치는 것을 한번 보여 줄 수 있소?"

"좋습니다."

합려는 진심으로 손무의 능력을 확인하고 싶었는지, 아니면 장난이었는지 다소 무리한 요구를 했다.

"혹시 여자도 즉석에서 가르칠 수 있소?"

하지만 손무는 주저하지 않고 즉시 가능하다고 답했다.

잠시 후 궁중 여인 180명이 훈련장에 집결했다. 손무는 궁녀들을 두 부대로 나누고, 왕이 가장 아끼는 여인 두 명을 각 부대의 대장으로 삼았다. 그는 궁녀들에게 계속해서 '앞으로, 뒤로, 좌로, 우로' 같은 군대의 기본적인 명령들을 가르쳤으나 이것을 장난으로 생각한 여인들은 계속 웃으면서 엉망으로 했다. 손무는 제대로 하라고 재촉했지만, 어느 궁녀도 그 말을 신경 쓰지 않았다. 그러자 손무는 각 대장, 즉 왕이 아끼던 두 여인의 목을 가차 없이 베었다. 합려가 놀라 손무를 제지했음에도 손무의 칼날은 거침이 없었다. 궁녀들은 그제야 겁에 질려 질서정연하게 외치는 구호에 따라 훈련을 받았다. 아끼는 두 궁녀를 잃은 합려는 자기 제안을 깊이 후회했으나 손무에게 특별한 책임을 묻지 않았다. 합려의 지원 아래 손무는 오나라 군대를 강력하게 만들었고, 천재적인 전략으로 승리를 주도했다. 이렇듯 오나라는 다른 나라에서 망명한 인재들을 차별하지 않았고, 그 능력에 맞게 기용함으로써 수년 만에 초나라와 겨룰 수 있을 정도로 국력을 키워 나갔다.

# 해는 지는데
# 길이 머니
# 거꾸로 할 수밖에

'굴묘편시'하는 오자서

기원전 506년, 드디어 오나라는 초나라를 공격하기 시작했다. 손무의 전략과 오자서의 활약 속에 오나라는 거침없이 초나라 수도까지 진격했으며, 손무의 수공으로 수도마저 곧바로 함락했다. 이날만을 기다린 오자서였다. 드디어 아버지와 형의 원수가 눈앞에 있었다. 오자서는 바로 초나라 평왕을 찾았으나 그가 복수의 일념으로 칼을 갈고 있었던 초 평왕은 이미 이 세상 사람이 아니었다. 오자서는 자신의 칼날에 죽었어야 할 평왕의 이른 죽음에 분노가 치밀어 올랐다.

　그는 평왕의 무덤을 파헤쳐 시신을 꺼내 채찍으로 내리치기 시작했다. 분노가 쉽게 가라앉지 않았으므로 오래도록 그렇게 내리치고 있었다. 시신의 형체를 알아볼 수 없을 때까지. 이것이 **굴묘편시**라는 사자성어의 기원이다. 현재는 '통쾌한 복수 혹은 지나친 행동', 둘 다의 의미로 사용하고 있다. 이 일을 계기로 초나라에서는 시신일지라도 왕의 옥체에 해를 끼치면 사형에 처한다는 법이 생겼다.

　지나친 오자서의 행동을 보고 한 친구는 "복수도 좋지만 이렇게까지 시신을 훼손하는 것은 옳지 않다."라고 지적했는데, 오자서는 이렇게 답변했다고 한다.

　"해는 지는데 길은 멀어서 (순리와 정도에서 벗어나) 거꾸로 행하고 거슬러서 시행했네."

해는 지는데 길이 멀다는 것은 '할 일은 많은데 시간이 없다'라는 뜻으로, **일모도원**이라는 고사성어의 유래이다. 단지 시간이 부족하다고 해석하면 의미가 조금 약하고 해야 할 일은 많은데 '사소한 것에 신경 쓸' 시간이 없다고 표현하는 것이 좀 더 뜻을 잘 담고 있다.

마찬가지로 '거꾸로 행하고 거슬러 시행했다'라는 뒷부분도 고사성어 **도행역시**로 남았다. 오자서는 부모와 형제의 복수를 위해서라면 사소한 인간의 도리 정도는 무시했기 때문에 원수의 시체를 꺼내 잔인하게 복수할 수 있었다. '중요한 것을 위해 작은 것을 희생할 수 있다'라는 의미로도 받아들여지므로 오자서의 '일모도원 도행역시'는 논란의 여지가 있는 그의 행동을 변호하는 고사성어라고 보면 좋을 것 같다.

그런데 이 일 이후 오자서의 분노는 어느 정도 풀린 것 같다. 초나라는 진秦나라가 보낸 원군 덕에 겨우 기사회생했는데, 오자서는 그들의 휴전 요청을 받아들이고 초나라의 공자를 돌려보내 주었다.

---

203

# 와신,
# 딱딱한 장작더미
# 위에서 잠을 자다

부차의 정신 무장, 와신

오왕 합려는 계속해서 서쪽으로 초나라를 공격해 크게 피해를 주었고, 북쪽으로 제나라와 진晉나라를 위협했다. 또한 남쪽 월나라와의 전쟁에서 승리를 거둬 복종시켰다. 비록 합려의 정복 활동은 중국 남부 지역에 국한된 것이었지만 오늘날 춘추오패로 인정받고 있다. 하지만 오나라 이야기는 지금부터이다. 오나라 바로 아래 있는 월나라와의 얽히고설킨 '와신상담' 이야기가 이제 시작되기 때문이다.

기원전 496년, 오나라 합려는 월나라를 침략했지만, 월나라의 특이한 전법에 당해 패배를 맛보아야 했다. 월나라 왕 '구천'이 사용한 전략은 매우 특이하고 엽기적이었다. 유족에게 합당한 보상을 해 주기로 약속하고 사형수들에게 전투 중 집단 자살하도록 시켰던 것이다. 눈앞에서 끔찍한 모습으로 자살하는 월나라 군사들을 본 오나라 군사는 심하게 동요할 수밖에 없었다. 이 동요를 틈타 월나라의 다른 돌격 부대가 나타나 어리둥절해하는 오나라 군사들을 쉽게 물리쳤다.

이 전투에서 합려도 다쳤다. 그런데 부상은 쉽게 낫지 않았다. 당시에는 특별한 약이 없었기 때문에 작은 상처라도 악화하면 생명을 잃을 수 있었다. 합려도 그렇게 죽어 가고 있었다. 그는 자신을 이을 태자 '부차'를 불러 같은 내용을 반복해 들려주

며 정신 무장을 시켰다. 합려는 죽기 직전까지 매일 부차에게
물었다.

"너는 구천이 너의 아비를 죽인 일을 잊겠느냐?"

그러면 부차가 매일 대답했다.

"감히 잊지 않겠습니다."

아버지가 죽고 왕이 된 뒤에도 부차의 정신 무장은 계속되
었다. 부차는 아버지의 원수를 갚겠다는 맹세를 잊지 않으려고
밤마다 딱딱한 장작더미 위에서 잠을 잤고 통증을 느낄 때마다
아버지의 한을 떠올렸다. 여기에서 **와신**이라는 말이 유래했다.
또한 부차는 신하들에게도 매일 자신에게 "너는 아버지의 원수
를 잊었느냐."라고 외치게 하여 복수심을 가슴에 새겼다.

오나라의 부차가 아버지에 대한 복수를 위해 절치부심切齒
腐心하고 있다는 소문을 들은 월나라 구천은 그들이 다시 올 때
까지 시간을 주지 말고 선제공격을 하고자 했다. 이때 앞선 전
투에서 집단 자살 작전을 고안했던 월나라 책략가 '범려'는 아
직 때가 되지 않았다며 극구 반대했다. 그러나 월왕 구천은 범
려의 의견을 듣지 않고 소수의 병력으로 신속하게 오나라를 공
격하려 했다가 크게 패했다.

승기를 잡은 오나라는 여세를 몰아 월나라 수도까지 진격해

**고사성어** · 와신  **臥**누울 와 **薪**섶나무 신

회계산이라는 곳에서 월왕 구천을 포위하는 데 성공했다. 산속에서 식량과 물도 없이 오나라군에게 포위된 구천과 월나라 군사들은 살아남으려면 항복할 수밖에 없었다. 범려는 구천의 생명을 구하고자 오나라 태제 백비를 뇌물로 매수하고, 부차에게 많은 미녀를 바쳤다. 미녀들에게 둘러싸인 오왕 부차는 전쟁을 계속할 열의를 잃었다. 이 모습을 본 오자서가 쓴소리를 했다.

"월나라와 오나라는 원수 관계에 있는 이웃 나라입니다. 만약 월나라가 전쟁에서 이겼다면 그들은 우리를 전멸시켰을 것입니다. 제나라나 진나라와의 전쟁에서 우리가 승리했다고 해도 그렇게 먼 곳에 있는 나라에서는 살 수 없습니다. 하지만 월나라를 멸망시켜 우리 것으로 만들면 우리는 그곳에서 살면서 그들의 배를 타고 다닐 수 있습니다. 지난날 선왕께 하던 맹세를 잊으셨습니까? 지금 월왕을 제거하고 월나라를 멸망시켜야 합니다."

이에 맞서 백비가 이야기를 시작했다.

"오자서의 말대로 월나라와 우린 이웃이고 서로 물길로 이어져 있습니다. 그런데 그곳에 거주할 수 있고, 그들의 배를 이용할 수 있다는 이유로 다른 나라를 멸망시켜야 합니까? 그렇다면 중원에 있는 많은 나라가 왜 서로를 멸망시키지 않습니까? 오자서의 말대로라면 중원은 거대한 하나의 나라로 되어 있어야 합니다. 또한 월나라가 선왕의 원수이기 때문에 멸망시키려 한다면 오자서는 왜 아비의 원수인 초나라를 멸망시키지 않았습니까? 오히려 초나라 후계자를 되돌려 보내지 않았습니까? 한 나라를 멸망시킨다는 것은 후대에 오명으로 남을 수도 있는 중요한 결정입니다. 오자서는 자신이 하지 못한 것을 대왕께서 하라고 강요하는 것입니다."

어떤가? 누구의 말이 더 설득력이 있는가? 오자서는 월나라를 완전히 마무리하지 않으면 나중에 더 큰 화를 입을 수 있다고 경고하고 또 경고했지만, 뇌물을 받은 백비의 말솜씨가 더 뛰어났는지 오왕 부차는 월왕 구천을 살려 주기로 했다. 아버지를 잃은 부차의 복수심이 어느 순간 옅어져 있었던 것이다.

# 상담,
# 쓸개를 맛보다

구천의 정신 무장, 상담

겨우 목숨을 부지한 월왕 구천은 오나라로 끌려가 노비 생활을 해야 했다. 구천은 부차의 의심을 사지 않으려고 진심으로 노비처럼 행동했다. 모든 것은 그와 동행한 범려의 지시에 따른 것이었다. 구천의 비굴함의 끝은 부차의 대변을 먹은 것이었다. 어느 날 부차가 가벼운 병에 걸렸는데 범려가 보기에 2~3일 후에 나을 것 같았다. 범려는 구천에게 이야기했다.

"얼른 부차에게 가서 그의 대변을 먹은 후 3일 안에 좋아질 것이라고 말하십시오."

그래도 구천은 한 나라의 왕이었다. 그런 그에게 적국 왕의 대변을 먹으라는 소리다. 자존심이 크게 상하고 역겨운 일이었지만, 구천은 그것을 묵묵히 해냈다. 부차는 그런 구천을 보고 안심했다. 구천이 완전히 망가졌다고 생각한 것이다.

'더 이상 구천의 월나라는 나의 오나라에 위협이 되지 않을 것이다.'

부차는 구천을 월나라로 보내 주었다. 범려의 작전이 성공했다.

남의 이목은 전혀 신경 쓰지 않고 출세를 위해 윗사람에게 엄청나게 아부하는 사람들을 비난할 때 "어이구 그러다가 사장님 엉덩이도 핥겠다."라는 말을 한다.

이 말은 사자성어 **상분지도**에서 나온 것인데, '변을 맛보는 무리'라는 뜻으로 월왕 구천의 이야기에서 기원한 것이다. 이처럼 갖은 수모를 당하고 고국으로 돌아온 월왕 구천은 오나라에서 겪은 치욕을 잊지 않기 위해 쓰디쓴 쓸개를 핥으면서 복수를 결심했다. 여기서 나온 말이 쓸개를 맛본다는 뜻의 **상담**이다. 그리고 오왕 부차가 복수를 다짐하며 장작더미에서 잤다는 것에서 유래한 와신臥薪이 합쳐져 와신상담臥薪嘗膽이라는 고사성어가 탄생했다. 큰 뜻을 이루고자 어떤 고난도 참고 이겨 낸다는 의미가 있다.

월왕 구천을 돌려보낸 후 오왕 부차는 월나라에 대한 경계심을 완전히 풀었다. 오자서는 월나라가 불안했다. 하지만 오왕 부차는 북쪽에 있는 강대국 제나라를 공격하는 데에만 신경을 쓰고 있었다. 실제로 오자서의 의견을 무시한 채 진행했던 몇몇 작은 나라와의 전투에서 성공을 거두자 오자서의 의견은 더욱 관심을 받지 못했다.

여기에 더해 구천은 엄청난 미인 '서시'를 부차에게 바침으로써 부차에게 겉으로 강한 충성을 맹세했는데, 서시의 아름다움에서 기원한 한자 성어가 있다. 물고기가 가라앉는다는 **침어**

---

 ・**상분지도**　嘗맛볼 상 糞똥 분 之~의 지 徒무리 도
　　　　　　・**상담**　　　嘗맛볼 상 膽쓸개 담

211

가 그것이다. 여인의 아름다움이 물고기가 헤엄치는 것도 잊고 물속으로 가라앉게 만들 정도라는 뜻이다. 부차가 아름다운 여인에게 정신이 팔려 오나라의 국력이 약해지기를 바라는 범려의 의도가 깔린 선물이었다.

고사성어 · **침어** **浸**가라앉을 침 **魚**물고기 어

# 오자서의 죽음과 와신상담의 결말

월왕 구천의 거짓 충성이 심해질수록 모든 의도를 파악하고 있던 오자서의 속은 끓어올랐다. 오자서는 월나라를 먼저 없애고 제나라를 공격하자고 주장했다. 그러나 월나라에서 보내온 각종 뇌물에 이미 취해 있었던 백비는 꾸준히 오자서의 의견에 반대했다. 오사서의 말을 귀담아듣는 이는 아무도 없었다. 오왕 부차는 그런 오자서를 아예 제나라에 사신으로 보냈다. 오자서는 월나라에 의해 오나라가 곧 멸망할 것이라고 생각하고, 아들만이라도 살리고자 제나라에 자기 아들을 맡기고 귀국했다.

　적국에 아들을 두고 온 오자서의 결정 때문에 그는 제나라 첩자로 오해를 사기 시작했다. 오자서에게 불만이 있었던 많은 사람이 왕 앞에서 그의 행동을 비난했다. 오왕 부차 역시 오자서가 탐탁지 않았으나 그동안 나라에 대한 공헌 때문에 결정을 차일피일 미루고 있었다. 그러던 어느 날 부차는 드디어 오자서에게 칼을 내리고, 그 칼로 자결하라는 어명을 내렸다. 오자서는 분노에 사로잡혀 다소 무서운 유언을 남겼다.

　"반드시 내 무덤 위에 나무를 심어 왕의 관을 만들 수 있게 하라. 그리고 내 눈을 빼내 오나라 동쪽에 걸어 놓아 월나라가 오나라를 멸망시키는 것을 볼 수 있게 하라."

　기원전 485년, 오자서는 자결했다. 하지만 그의 유언은 이루어지지 못했다. 그의 유언을 들은 오왕 부차가 분노하여 그의 시체를 강물에 버렸기 때문이다.

이제 월나라에 대해 경고하는 사람은 오나라에 아무도 없었다. 부차의 북쪽을 향한 전쟁은 본격적으로 진행되었다. 북쪽 국가에 더 쉽게 접근할 수 있도록 대운하 공사를 하여 백성의 불만을 사기도 했다. 오왕 부차는 왜 그렇게 북쪽으로의 진출을 바랐을까? 그것은 중국 중심부로 진출해 패자가 되고 싶었기 때문이다. 그리고 그의 꿈은 이루어졌다. 기원전 482년 오왕 부차는 몇몇 작은 나라의 제후들을 불러 모아 드디어 회맹을 열었다. 중국 남동쪽 구석에 있던 이민족 군주가 이제 중원 제후 사이에서 당당히 패자 자리를 놓고 경쟁하게 된 것이었다. 오왕 부차의 자만심은 하늘을 찌르고 있었다. 그런데 그때 충격적인 소식이 그의 귀에 들어왔다. 그동안 신경도 쓰지 않고 있었던 월나라가 오나라를 대대적으로 공격하고 있다는 것이었다.

'아뿔싸!'

사실 월왕 구천은 이날만을 위해 철저히 준비해 왔다. 겉으로는 순종하는 척했지만, 월나라 산업을 일으키고 군대를 강하게 만들어 왔다. 회맹 시기를 노리고 주도면밀하게 공격해 온 월나라의 용맹한 군대를, 북쪽 전투에 병력이 집중되어 있었던 오나라는 막을 수 없었다. 회맹에서 패자가 되는 큰 꿈을 꾸고 있던 오왕 부차는 급히 월나라에 휴전을 요청했다. 이미 오나라 태자는 전쟁에서 사망한 후였다. 일단 강한 충격을 주는 데 성공한 월나라의 구천과 범려는 휴전을 받아들였다. 어차피 북쪽 전장에 나가 있는 오나라의 모든 병력이 내려오면 쉽지 않은 상황이 될 것이기 때문이었다.

패전 국가였다가 승전 국가가 되어 사기가 오른 월나라는 휴전 후에도 계속해서 강해졌다. 하지만 장기간 북쪽 전쟁에 시달린 오나라의 병력은 회복이 많이 늦었다. 기원전 475년. 월나라 군대는 다시 오나라를 공격했다. 더 이상 오나라는 월나라의 공격을 막아 낼 수 없었고, 수도가 포위되었다. 한때 맹주로서 패자를 꿈꾸던 오왕 부차는 항복을 선언했다. 상황이 완전히 역전된 것이다. 월왕 구천은 이번엔 자신이 부차의 항복을 받아 주면 어떨까 생각했다. 하지만 범려가 적극적으로 반대했다. 구천이 고민하는 사이 부차는 스스로 목숨을 끊었다. 부차는 죽으면서 오자서를 볼 면목이 없다며 슬퍼했다고 한다. 이렇게 와신상담 이야기는 막을 내렸다. 부차의 와신은 2년 만에 마무리되었지만, 구천의 상담은 무려 20년이나 걸린 대서사시였다.

월나라는 오나라를 평정하고 계속 북진하여 정복 전쟁을 이어 나갔고, 오나라 부차의 꿈을 대신해 중원 제후들과 회맹을 열었다. 이렇게 월나라 구천이 춘추 시대의 마지막 패자가 되었다. 한편 월왕 구천과 생사고락을 같이했던 범려는 이제 자신이 떠날 때라는 것을 알았다. 떠나기 전 그는 한 동료에게 이렇게 조언했다.

"월왕 구천은 어려움을 함께할 수 있지만, 부귀를 같이 누릴 수 있는 사람은 아니오. 나는 새를 잡으면 활을 거두고 토끼 사냥이 끝나면 사냥개를 삶는 자이니, 어서 모든 관직을 버리고 물러나는 것이 좋소."

여기서 기원한 사자성어가 바로 유명한 **토사구팽**이다. 범려가 동료에게 했던 조언은 현실이 됐다. 그의 말을 귀담아듣지 않았던 동료는 범려가 사라진 후 얼마 지나지 않아 자결을 강요받았다. 한편 월나라의 전성기는 길지 않았다. 구천이 병들어 사망하자 월나라의 국력은 빠르게 약해졌고, 결국 힘을 회복한 초나라에 의해 멸망의 길을 걸었다.

---

**고사성어** **·토사구팽** **兎**토끼 토 **死**죽을 사 **狗**개 구 **烹**삶을 팽

**⭐ 고사성어 하나 더**

**오월동주** **吳**나라 오 **越**월나라 월 **同**한 가지 동 **舟**배 주

오나라와 월나라는 서로를 멸망시키려고 전투를 벌였던, 사이가 매우 안 좋았던 나라들이다. 당연히 각 나라 사람도 원수지간일 것이다. 하지만 《손자병법》을 쓴 손무는 '사이가 좋지 않은 두 나라 사람들이라도 자신들이 탄 배가 거친 풍랑을 만나면 살기 위해 서로 필사적으로 도울 것'이라고 생각했다. 여기서 유래한 사자성어가 **'오월동주'**이며 사이가 나쁜 사람들이라도 같은 위기 상황에 놓이면 서로 돕게 된다는 의미가 있다.

---

# 전국 시대가
# 시작되다

# 세 가문이
# 진晉나라를
# 삼등분하다

진나라 육경 중에서 가장 힘이 셌던
지씨는 한, 위, 조씨의 연합 공격으로
완전히 격파당했고 진나라는
한, 위, 조나라로 삼등분되었다.
이 시기부터 '전국 시대'라고 한다.

다시 이야기는 중국 중심부로 돌아온다. 방랑 공자 중이가 진晉나라에 복귀하여 군주 진 문공이 된 후, 기원전 632년 강대국 초나라와의 성복 전투를 승리로 이끌면서 춘추 시대 두 번째 패자가 되었다. 진晉나라 역시 초강대국으로서 위엄을 떨쳤다. 하지만 기원전 453년 진晉나라가 세 개의 나라로 분열되는 일이 발생했다. 그것은 육경 사이의 권력 다툼 때문이었다.

육경은 무엇일까? 진 문공이 상군과 하군, 두 단계로 된 진나라의 군사 제도를 상군, 중군, 하군 세 단계로 개편했는데, 각군에는 대장과 부대장이 있었으니 이들을 모두 '경'이라고 했다. 워낙 권력의 중심에 있는 직책이다 보니 가문들의 경쟁이 치열했고, 나중에는 여섯 개 가문이 경 자리를 독차지하게 되어 '육경'이라고 불렸다. 이들 육경은 어느 순간부터 군주보다 더 강한 권력을 갖게 되었다. 권력을 차지한 경들은 거의 나라를 얻은 것과 같은 효과를 누렸기 때문에, 경 사이의 투쟁은 나라 간 전투를 방불케 할 정도로 치열했다. 진나라 육경 중에서 두 개는 초반에 멸망했고, 나머지 네 개 가문이 세력 다툼을 벌이고 있었다. 그중 지씨 가문이 가장 강했다.

지씨 가문의 대표자인 '지백'은 나머지 세 가문에 위력도 과시할 겸 그들에게 땅 일부를 바치라고 요구했다. 한씨 가문과

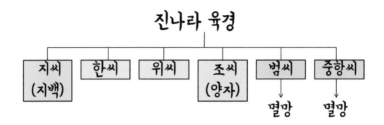

진나라 육경

| 지씨 (지백) | 한씨 | 위씨 | 조씨 (양자) | 범씨 | 중항씨 |

범씨 멸망, 중항씨 멸망

육경 중에서 범씨, 중항씨는 초반에 멸망했고, 나머지 네 가문 중 지씨의 힘이 제일 강했다.

위씨 가문은 기분이 매우 나빴지만, 현재로서는 힘으로 지씨 가문을 이길 수 없었기 때문에 어쩔 수 없이 땅을 넘겨야 했다. 그러나 조씨 가문의 '양자'가 생각하는 것은 달랐다. 양자는 지씨 가문의 날강도 같은 요구를 호락호락 들어주다 보면 언젠가 모든 것을 잃을 것으로 생각했다. 하지만 지씨의 제안을 거절한다면 결과는 전쟁일 것이었다. 조씨 양자는 방어 태세가 잘 갖추어져 있는 진양성이라는 곳으로 이동해 전쟁을 대비했다.

예상대로 지씨 지백은 한씨와 위씨의 군대까지 모두 모아 연합군 형태로 진양성을 공격했다. 하지만 대비를 잘한 진양성을 공략하는 것은 쉽지 않았다. 그러자 지씨 지백은 수공을 선택했다. 진양성을 포위한 후 부근에 흐르는 하천을 모두 막아 그 물이 진양성 안으로 흘러 들어가게 했다. 성이 물에 잠기기 시작하자 조씨 양자는 완전히 잠기기 전에 대책을 마련해야 했다. 조씨 양자는 연합군에 참전하고 있던 한씨와 위씨를 설득하기로 했다. 그들 역시 원하지 않는 전투에 억지로 참여하고 있었고, 지씨의 횡포에 지쳐 있었기 때문에 설득은 어렵지 않았다. 이렇게 한씨, 위씨, 조씨의 새로운 연합군이 만들어졌고, 연합군은 시간을 정해 제방을 지키고 있는 지씨의 병사들을 단숨에 제거하고 제방의 물길을 일제히 지씨의 진영으로 돌렸다. 갑작스러운 물난리에 정신이 없는 지씨의 본거지로 한, 위, 조 연합군이 밀려들었다. 갑작스러운 습격 한 번에 지씨 지백은 완전히 격파당했다. 조씨 양자는 지백을 죽이고 그가 소유하고 있던 땅을 삼등분하였다. 이렇게 중원의 강한 나라 진晉은 세 개로 나누어졌다.

# 전국 시대의 시작

전국 칠웅의 위치

일반적으로 진양성 싸움에서 지씨 가문이 멸망하고 진晉나라가 한나라, 위나라, 조나라로 분리된 기원전 453년을 전국 시대가 시작된 해로 본다. 하지만 세 개의 나라가 주나라 천자에게 제후국으로 정식 인정받은 기원전 403년을 전국 시대의 시작으로 보는 견해도 있다.

　　주나라는 서쪽에서 동쪽으로 수도를 이전한 이후 원래의 힘을 많이 잃어버린 상태였다. 하지만 춘추 시대까지는 모든 제후국의 아버지 같은 상징적인 의미를 잃지 않고 있었다. 따라서 춘추 시대에 천하의 패자가 되려면 '존왕양이'의 구호 아래 주나라 왕을 받드는 행위가 꼭 필요했다. 하지만 전국 시대가 되면서 이런 모습은 사라져 갔다. 주나라와 주왕은 다른 작은 제

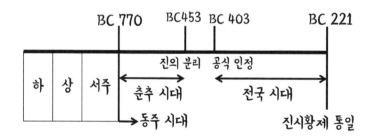

전국 시대의 시작은 기준에 따라 기원전 453년 혹은 기원전 403년으로 본다.

225

후국과 다를 것이 없는 존재로 전락했다. 주나라 왕을 받드는 의미에서 군주의 명칭을 '공'으로 사용하던 중원 국가들도 어느 순간 모두 자기 군주를 '왕'이라 불렀다.

이제 전국 시대 나라들의 목표는 주나라를 받들고, 오랑캐를 무찌르는 것이 아니었다. 자신의 나라를 강하게 하여 주변 나라를 힘으로 무찌르고 전국을 통일하는 것이었다. 약육강식의 시대가 도래한 것이다. 전국 시대를 지배했던 일곱 개의 나라를 '전국 칠웅'이라고 한다. 한편 진晉나라가 세 개의 나라로 분리되면서 사라진 덕분에 이제 진나라는 진秦나라 하나만 남게 되었다. 이제부터 나오는 진나라는 모두 진시황제의 나라, 진秦나라이다.

# 협객 예양,
# 선비는 자신을
# 알아주는 사람을 위해 죽는다

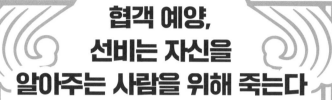

'선비는 자신을 알아주는 사람을
위해 죽는다'라는 말을 남긴
예양과 양자 이야기

조씨 양자가 지백을 죽이고 조나라가 생긴 이후의 일이다. 양자가 화장실을 가는데 강한 살기가 느껴졌다. 부하들을 시켜 화장실을 수색하니 과연 자객이 숨어 있었다. 그 자객의 이름은 '예양'이었고, 멸망한 지백의 신하였다. 양자는 예양에게 물었다.

　"무슨 이유로 잠복하고 있었느냐? 나를 죽이려 했느냐?"

　"너를 죽여 지백 님의 원수를 갚고자 하였다. 너를 죽이지 못한 것이 원통할 뿐이다."

　예양의 대답에 신하들이 그를 죽이려 하자 양자가 말렸다.

　"예양은 의로운 사람이다. 신하로서 주인의 원수를 갚으려 하지 않았느냐. 내가 조심하여 피할 터인즉 그를 살려 주거라."

　하지만 예양은 포기하지 않았다. 양자가 자신의 모습을 알아차리지 못하게 하려고 얼굴과 온몸에 옻칠을 하고, 뜨거운 숯덩이를 머금어 성대에 화상을 입혀 목소리를 거칠게 바꾸었다. 이미 지백은 죽고 시대는 바뀌었는데 의미 없는 복수에 집착하는 예양을 보고 친구가 말렸다.

　"아니 이 사람아. 자네가 가진 재능이면 양자도 자네를 가까이할 것인데, 어찌 그 모양으로 자신을 망가뜨리나."

　그러자 예양이 대답했다.

　"선비는 자신을 알아주는 사람을 위해 죽고, 여자는 자신을

228

기쁘게 해 주는 남자를 위해 용모를 꾸미는 법이다. 지백은 나를 알아준 사람이다. 반드시 원수를 갚고 죽을 것이다. 이렇게 지백의 은혜를 갚을 수 있다면 내 영혼이 부끄럽지 않을 것이다."

예양이 말한 답변의 첫 부분 '선비는 자신을 알아주는 사람을 위해 죽는다'라는 뜻의 고사성어 **사위지기자사**는 매우 유명한 표현이다. 그리고 예양이 몸에 옻칠하고 숯을 삼킨 행동은 **칠신탄탄**이라는 고사성어로 남았다. 칠신탄탄은 복수를 위해, 또는 목적을 위해 온갖 고난을 참고 견딘다는 뜻으로 앞서 만난 와신상담臥薪嘗膽과 의미가 통하는 말이다.

몸을 검게 칠하고 목소리도 달라진 예양은 시장 거리에서 거지 행세를 하며 돌아다니기도 하고 다리 밑에서 구걸도 했다. 그러던 어느 날, 예양에게 기회가 왔다. 양자 일행이 예양이 구걸하고 있던 다리 쪽으로 말이 이끄는 수레를 타고 다가오고 있었다. 그러나 사람은 속일 수 있어도 순수한 동물을 속일 수는 없는 법이다. 수레를 끌던 말이 예양을 보고 놀라 더는 다가가지 않았다. 양자는 틀림없이 주변에 예양이 잠복해 있을 것으로 생각했다. 아니나 다를까 양자의 신하들이 예양이 붙잡아 양자 앞에 무릎을 꿇렸다. 양자는 예양에게 물었다.

---

 • **사위지기자사**　士선비 사 爲할 위 知알 지 己몸 기
　　　　　　　者사람 자 死죽을 사
　　　　　　• **칠신탄탄**　　漆옻 칠 身몸 신 呑삼킬 탄 炭숯 탄

"저번 일 이후에 너에 대해 조사했다. 너는 원래 다른 두 가문을 섬기던 자였는데, 그 가문들은 지백이 모두 멸망시켰더군. 하지만 너는 순순히 지백의 신하가 되었다. 그런데 왜 특별히 지백을 위해서만 이렇게 끝까지 원수를 갚으려 하는 것이냐?"

예양은 태연한 태도로 대답했다.

"맞습니다. 저는 다른 성씨를 섬긴 일이 있습니다. 하지만 그분들은 저를 그냥 평범한 신하로만 대해 주었지요. 하지만 지백 님은 저를 인정하고 국사國士로 대우해 주셨습니다. 따라서 저는 국사로서 지백 님에게 보답해야 합니다."

국사는 전국에서 특별히 손꼽는 재주가 있는 선비를 말한다. 예양의 의도를 알아차린 양자는 아쉬웠지만 더는 예양을 살려둘 수 없었다. 계속해서 최선을 다해 자신을 죽이려 할 것이기 때문이었다. 이때 예양이 눈빛 하나 흔들리지 않고 양자에게 특별한 요구를 했다.

"전날 양자 님께서 저를 너그럽게 용서함으로써 양자 님의 덕이 세상에 널리 칭찬받았습니다. 하지만 오늘은 용서받을 수 없다는 것을 저도 잘 압니다. 양자 님의 옷을 얻어 그 옷이라도 베어 낼 수 있다면 이 몸 죽더라도 여한이 없을 것 같습니다."

양자는 순순히 자신의 겉옷을 건넸고 예양은 그 옷을 세 번을 베어 내며 묘한 웃음을 지었다. 옷을 베어 낸 예양은 자신의 칼에 엎드려 스스로 죽음을 선택했다. 그의 의로운(?) 죽음은 당시 사람에게 많은 여운을 남겼다.

# 전국 칠웅
# 위나라 이야기

# 위나라의 천재 장군 오기

뛰어난 전술가였던 오기 장군은
항상 병사들과 함께하여
큰 성과를 얻을 수 있었다.

전국 시대 강력한 세력을 가졌던 전국 칠웅 중에서 가장 먼저 두각을 나타낸 것은 위나라였다. 위나라에는 전국 시대 최고의 명장이자 병법가 '오기'가 있었다. 오기가 처음 관직을 얻은 곳은 노나라였다. 마침 제나라에서 노나라를 공격하자 오기의 재능을 알고 있던 노나라에서는 오기를 장군으로 쓰려고 의논했으나 반대하는 신하들이 나타났다.

　"오기의 아내가 제나라 사람이요. 자기 아내의 친정 나라와 힘껏 싸워 이길 수 있겠소?"

　이 사실을 알게 된 오기는 집으로 가 아내에게 물었다.

　"당신은 내가 중요하게 생각하는 게 무엇인지 아시오?"

　"크게 성공하시어 집안을 일으키시는 것이겠지요."

　오기는 말을 이었다.

　"맞소, 나는 높은 자리에 올라 적과 싸워 공을 세우고 이름을 후세에 남기고 싶소. 지금 제나라 군사가 노나라를 치고 있소. 노나라에 내가 필요하오. 그런데 당신이 제나라 사람이라 고민하고 있다니 이제 나는 어떻게 해야겠소?"

　오랜 시간 고민하던 오기는 칼을 들어 아내의 목을 베고 노나라 대장이 되었다.

　하지만 이렇게 냉혈한 같은 오기의 이미지는 후대에 만들어진 것이라는 의견도 있다. 오기가 아내를 죽이지 않고 친정으로 돌려보냈다는 것이다. 앞으로 만나게 될 친근한 오기의 모습을 보면 이쪽이 더 믿을 만하다. 하여간 어디로든 아내를 보내고(?) 노나라에서 장군이 된 오기는 자신의 능력을 십분 발휘해 제나라를 성공적으로 물리쳤다. 하지만 예절의 나라였던 노나라에서 출세를 위해 아내를 버린 오기의 행동에 대한 비난이 점점 심해지자 오기는 더 이상 노나라에 있는 게 위험해졌다. 오기는 위나라로 망명하기로 했다.

오기는 위나라에서 본격적으로 병법가 장군으로서 두각을 나타내기 시작했다. 전투 결과도 독보적이었다. 그가 장군으로 참전한 70회가 넘는 대형 전투에서 60여 회를 승리하고, 단 한 번도 패배하지 않았다. 미처 승리하지 못한 전쟁에서도 무승부를 이루었다. 오기가 이렇게 좋은 결과를 보여 줄 수 있었던 비결은 그가 병법 지식뿐만 아니라 병사의 마음을 얻고 그들을 통솔하는 데 매우 뛰어난 자질이 있었기 때문이다. 그는 병사들과 같은 옷을 입고, 같은 음식을 먹고, 같은 잠자리에서 자고, 같이 짐을 지고 행군했다. 병사들의 마음속에 자연스럽게 존경심이 생길 수밖에 없었다.

또 피부에 종기가 난 병사가 있다면 그는 기꺼이 자기 입으로 고름을 빨아내 병사의 고통을 덜어 주기도 했다. 하루는 아들의 종기를 오기 장군이 빨아 주었다는 이야기를 들은 어머니가 대성통곡을 했다. 사람들이 이유를 묻자 그 어머니는 이렇게 말했다고 한다.

"1년 전에도 오기 장군이 남편의 종기를 빨아 준 적이 있었다오. 그 모습에 감명받은 제 남편은 그 이후로 오기 장군의 명이라면 무조건 따르고 전투에서도 앞장서 싸우다가 결국 전장에서 죽고 말았습니다. 이번에 또 내 자식의 종기를 빨아 주었으니 내 자식도 전쟁에서 살아 돌아오지 못할 것 아니겠소."

장군으로서 매우 뛰어났던 오기는 정치적으로 자기 자리를 지키는 능력이 부족했다. 오기는 자신을 등용했던 왕이 죽고 새로운 왕이 등극하자 경쟁자에 의해 바로 신변의 위기를 맞았다. 그는 위나라를 떠나 초나라로 망명할 수밖에 없었다. 하지만 오기의 명성은 전국 시대에 널리 퍼져 있었기 때문에 초나라 왕은 오기를 환영하며 그를 곧바로 재상에 임명했다. 재상 자리에 오른 오기는 초나라를 부유하고 강하게 만들기 위한 정책을 펼쳤다. 불필요한 관직을 없애 국가 재산의 낭비를 막고, 왕족과 귀족의 먼 친척에게까지 주던 특권들을 없앴다. 덕분에 나라는 점점 강해졌지만, 특권을 빼앗긴 초나라의 수많은 왕족과 귀족들은 오기에게 이를 갈게 되었다.

오기를 등용했던 초나라 왕이 세상을 떠나자 재상 오기는 또다시 위기를 맞게 되었다. 하지만 이번에는 정치적 위기가 아니라 생명의 위기였다. 왕이 죽자마자 왕족과 귀족들이 오기를 죽이기 위해 달려들었다. 오기도 이번만은 살아서 빠져나가기가 쉽지 않다고 판단했다.

오기의 죽음

'그렇다면 나 혼자 죽을 수는 없지.'

오기는 추격자들을 피해 왕의 시신이 안치된 곳으로 달려가 시신 뒤로 몸을 숨겼다. 흥분한 왕족과 귀족들은 오기를 향해 엄청난 양의 화살을 쏘았다. 오기는 왕의 시신과 함께 고슴도치처럼 활을 잔뜩 맞은 상태로 명을 다했다.

오기를 죽인 자들은 환호했다. 그동안 자신들의 특권을 빼앗은 자가 죽었으니 이제 자신들에게 다시 영광이 찾아올 것이었다. 하지만 반전이 있었다. 초나라 법에 왕의 신체를 훼손한 자는 무조건 사형에 처한다는 법이 있었는데, 그 법이 왕의 시신에도 적용이 되었던 것이다. 오자서가 초나라 왕의 시신을 300번이나 채찍질한 다음에 만들어진 법이었다. 왕의 시신에 꽂혀 있던 수많은 화살이 증거로, 화살을 발사했던 초나라 70여 개 귀족 가문이 전멸되었다고 한다. 역모죄로 가족뿐 아니라 일가친척까지 모두 처벌받았기 때문이다. 오기가 죽어 가면서 통쾌한 복수를 한 것이다.

오기가 병법가로서 남긴 《오자병법》에 아주 유명한 말이 있다. 그것은 이순신 장군의 명언으로도 유명한 '살고자 하면 죽을 것이고 죽고자 하면 살 것이다'라는 구절이다. 바로 **필사즉생 행생즉사**이다. 오기는 전투에서 불패 신화를 기록한 대단한 장군이며, 재상으로 즉위한 지 얼마 되지 않아 초나라의 국력을 엄청나게 키운 정치가였다. 그리고 죽음의 위기에도 순간적인 지혜로 자신을 공격하는 수많은 귀족을 동시에 제거한 대단한 능력도 보여 주었다. 하지만 출세를 위해 아내의 목숨을 이용했다는 후대의 모함을 받아 정당하게 평가받지 못하고 있다.

---

고사성어 · 필사즉생 행생즉사
　　　必반드시 필 死죽을 사 則곧 즉 生날 생
　　　幸다행 행 生날 생 則곧 즉 死죽을 사

---

# 서문표와
# 하백의 신부

서문표는 하백 신화를 역이용해
그 지역의 문제를 멋지게
해결했다.

위나라 왕은 조나라, 한나라와 국경을 접하고 있는 '업'이
라는 중요 지역에 수장 자리가 비자 능력 있는 '서문표'라는 신
하를 내려보냈다. 서문표가 도착해서 보니 큰 지역임에도 성안
이 한산하다 못해 을씨년스러운 느낌마저 들었다.

　'이 지역에 어떤 문제가 있는 것일까?'

　마을 대표자들을 불러 마을 사람들의 괴로움이 무엇인지
물었을 때 서문표는 생각지도 못한 대답을 들을 수 있었다.

　"하백에게 신붓감을 바치는 일로 괴로움을 당하고 있습니
다."

　하백은 중국 신화에 등장하는 강의 신으로, 옛날에는 가뭄
이나 홍수에 대한 공포가 컸기 때문에 아주 중요한 신으로 모셔
지는 경우가 많았다. 하지만 마을의 실제 상황은 더욱 끔찍했다.
마을 장로와 무당들은 하백을 모신다는 이유로 엄청난 세금을
걷고 있었으며, 하백에게 마을 처녀를 산 제물로 바치고 있었다.
제사를 치르기 며칠 전, 그들은 마을을 유유히 돌아다니며 아름
다운 처녀를 찾아 "이 처녀는 하백의 아내가 될 것이다."라는 말
을 남기고 사라졌다. 그러면 그 처녀는 하백의 제일에 갈대로
만든 얇은 배를 타고 강으로 띄워졌다. 당연히 그 배는 얼마 못
가 가라앉았고, 그녀는 억울한 죽음을 맞이해야 했다. 이런 일이

반복되자 딸이 있는 집들은 두려움 속에 모두 멀리 도망갔고, 성안에는 하백이 조만간 분노하여 백성을 모두 물에 빠져 죽게 할 것이라는 공포감이 맴돌았다. 드디어 마을의 상황을 알게 된 서문표는 잠시 생각한 후 마을 대표자들에게 말했다.

"하백을 위해 신붓감을 바치는 날 저에게 꼭 알려 주시오. 저도 하백님에게 절을 바치고 싶소."

제사가 열리는 당일이 되었다. 마을 장로와 무당들이 엄숙한 행사를 마치고 제물로 바쳐질 처녀를 강 쪽으로 데리고 가는데 서문표가 말을 걸었다.

"하백의 신붓감을 이리 데리고 오시오. 하백님이 만족스러워하실 만큼 멋진 처녀를 골랐는지 먼저 확인해야겠소."

두려움에 떨고 있는 처녀를 보고 서문표는 나이가 제일 많은 무당에게 의뭉스럽게 말했다.

"안 되겠소. 아무리 봐도 이 처녀는 아름답지가 않소. 이래서야 하백님의 분노를 더 키우지 않겠소? 제사를 며칠만 연기합시다. 미안하지만 오늘은 무당께서 강에 들어가 하백님에게 다른 처녀를 구해 올 때까지 조금만 기다려 달라고 해 주시겠소?"

그러고는 대답을 듣지도 않고 신하들을 시켜 무당을 물속으로 던져 버렸다. 잠시 기다리던 서문표는 다시 말을 시작했다.

"무당 할멈이 왜 이리 오래 걸리는가? 아무래도 하백신을 설득하는 데 시간이 좀 걸리는가 보군. 제자 무당들도 같이 들어가서 좀 도와주시오."

서문표는 같은 방법으로 나머지 무당과 장로들도 모두 물속에 던졌다. 그의 돌발 행동에 그 자리에 모인 수천 명이 당황해 아무 말도 하지 못했다. 오로지 당사자인 서문표만 태연하게 물속에 빠뜨려진 무당과 장로들을 기다리는 척 엄숙하게 강을 향해 절을 하고 있었다. 예상대로 살아 돌아온 사람은 아무도 없었다. 두 시간 넘게 기다리던 서문표는 나지막이 말을 꺼냈다.

"하백이 손님과 대화하느라 결정에 시간이 오래 걸리는 모양이다. 일단 오늘은 모두 돌아가고 나중에 무당과 장로들이 대화를 마치고 돌아오면 제사를 어떻게 드릴지 다시 이야기해 보도록 하자."

그날 이후 하백에게 제물을 바쳐야 한다는 이야기는 아무에게서도 나오지 않았고, 이 소식을 듣고 고향을 등지고 떠났던 사람들이 돌아오기 시작했다.

모든 것이 서문표의 계획대로였다. 그는 돌아오지 않는 마을 장로와 무당들의 재산을 몰수하여 백성에게 돌려주었으며, 물에 빠뜨려지지 않은 신참 무녀들을 마을 노총각과 결혼시켜 무속의 뿌리를 완전히 없앴다. 하지만 문제는 그 이후였다. 만약 강이 범람하거나 가뭄이 들어 백성이 피해를 보거나 죽게 된다면 그 책임은 오로지 자신이 져야 하기 때문이었다. 그래서 서문표는 성 주변을 흐르는 강의 물을 끌어오는 수로 공사를 시작했다. 덕분에 업 지역에서는 매년 안정적으로 풍년을 이룰 수 있었다.

　당시 분위기상 하백신에 대한 전통 의례를 단번에 개혁하기는 쉽지 않았을 것이다. 바로 이 부분에서 그의 지혜로운 행동에 주목할 필요가 있는데, 서문표는 단 한 번도 하백 신화를 거부하거나 무시하는 발언을 하지 않았다. 오히려 그것을 적극적으로 활용해 무당과 장로들을 제거하는 기지를 발휘했다. 지혜로운 서문표에 대한 소문은 천하로 퍼졌으며, 후대 많은 영웅이 그를 크게 존경하고 숭상했다.

# 방연의 음모와
# 그림자 전략가
# 손빈

방연은 뛰어난 손빈에게
열등감을 갖고, 손빈을 제거할
계획을 세웠다.

전국 시대 귀곡자鬼谷子라 불리는 사상가가 있었다. 귀신이 나올 것 같은 험한 계곡에 살고 있다는 이유에서 붙은 이름이다. 귀곡자에게는 두 명의 제자가 있었는데, 한 명은《손자병법》을 쓴 손무의 후손인 '손빈'이었고, 또 한 명은 '방연'이었다. 나이가 많은 방연은 형으로서 손빈과 살갑게 지냈지만, 실은 손빈에게 심한 질투심과 적개심이 있었다. 손빈이 병법가로선 '금수저'인데다가 아무리 노력해도 그의 능력을 당해 낼 수가 없었기 때문이다. 방연은 생각했다.

　'만약 나와 손빈이 같은 나라에 있다면 나는 손빈 때문에 어떤 자리도 차지할 수 없을 것이다. 또 다른 나라에 있다면 나는 손빈을 절대 이기지 못할 것이다. 나는 어떻게 해야 할까?'

　출세의 기회는 방연에게 먼저 왔다. 방연은 위나라에서 관직을 맡게 되었다. 위나라로 출발하는 날 방연은 손빈에게 이렇게 말했다.

　"내가 먼저 가서 자리 잡고 너를 부를 테니 혹시 다른 나라에서 벼슬 제안이 들어와도 가지 말고 기다리고 있어."

　동생의 자리를 알선해 주겠다고 하는 형의 따뜻한 마음이 느껴지는 말이었지만, 방연의 계획을 알고 듣는다면 이보다 더 끔찍하고 잔인한 말은 없을 것이다.

어느 정도 시간이 흐른 뒤, 방연은 실제로 손빈을 불렀다. 손빈은 아무런 의심 없이 위나라로 향했다. 하지만 그곳에는 방연의 함정이 놓여 있었다. 손빈은 갑자기 간첩으로 몰려 감옥에 갇혔고 두 다리를 잘렸다. 또한 얼굴에 '죄인'이라는 글씨가 지워지지 않도록 새겨졌다. 방연은 어떻게 해서든 손빈이 세상 밖으로 나와 활동할 수 없도록 그에게 이런 끔찍한 짓을 저지른 것이었다. 차차 이 모든 것이 방연의 계획임을 눈치챈 손빈은 분노를 주체할 수가 없었다. 하지만 일단 방연의 감시로부터 탈출하는 것이 급선무였다. 손빈은 미친 척하면서 방연의 감시를 느슨하게 한 다음, 제나라 사신과 겨우 접촉했다. 그리고 사신의 수레에 숨어서 위나라를 탈출해 가까스로 제나라로 도망쳤다.

제나라에는 '전기'라는 장수가 있었다. 그는 마차를 몰아 승부를 겨루는 경마 내기를 즐겨 했는데, 3조의 마차가 한 번씩 경기해 세 번 중 두 번을 이기면 승리하는 방식이었다. 그런데 전기는 승률이 높지 않아 마음고생 중이었다. 마침 그 자리에 손빈이 있었다. 손빈의 능력을 눈여겨본 제나라 귀족들이 전기와의 만남을 주선해 준 것이다. 경기를 몇 번 지켜본 손빈이 생각하기에 이 경기에는 필승 전략이 있었다. 마차를 끄는 말의 능력에 차이가 있어 상급, 중급, 하급 마차로 나눌 수 있었다. 따라서 이들을 잘 배치하여 출전시키면 되는 것이었다. 손빈은 전기에게 말했다.

"전기 장군님. 지금처럼 하시면 이길 수 없습니다. 상대방이 좋은 말을 출전시켰을 때 장군님도 이기고 싶은 마음에 좋은 말로 맞대결을 하면 결론적으로는 패배하게 됩니다. 제가 알려드리는 대로 해 보십시오. 3조의 마차를 말의 능력에 따라 상급, 중급, 하급으로 나누십시오. 그리고 상대방이 상급 마차를 출전시키면 장군님께선 하급 마차를 출전시키시어 한 번은 패하십시오. 대신 상대방이 중급 마차를 출전시키면 장군님께선 상급 마차를, 하급 마차를 출전시키면 중급 마차를 출전시키십시오. 그렇게 하면 최종 결과는 항상 2:1이 되니 어떤 상대와 만나도 승리할 수 있으실 것입니다."

전기가 손빈의 말대로 하니 과연 그러했다. 손빈이 말한 전략을 '삼사법三駟法'이라고 하는데, 여기서 사駟는 네 마리의 말이 끄는 수레를 뜻한다. 삼사법은 병력이 비슷한 경우에 사용하는 병법 중 하나로 전투에서 전부 이기는 것이 아닌, 이기고 지고를 반복하지만 결국은 승리하는 방법이다. 전기는 손빈의 능력에 감탄해 왕과 상의 후 그를 장수로 삼으려고 했다. 하지만 손빈은 자신은 죄인의 낙인이 찍힌 사람인데 어찌 장수에 오를 수 있겠냐며 사양했다. 대신 큰 천으로 가려진 수레 속에서 비밀리에 전투를 지시하는 제나라의 '그림자 전략가'로 만족했다.

# 손빈 대 방연
# 전반전,
# 계릉 전투

위나라의 방연이 조나라의
수도인 한단을 공격하자
손빈은 위나라의 수도인 대량을
공격함으로써 방연을 철수하게
만들었다.

어느 날, 조나라에서 제나라에 도움을 청했다. 방연을 대장군으로 하는 위나라 군사가 조나라를 침략한 것이다. 진晉나라가 분리되면서 탄생한 세 개의 나라 한, 위, 조나라 중에 가장 강성했던 위나라는 자주 나머지 두 나라를 침략했는데, 그럴 때마다 그들은 제나라에 도움을 요청하곤 했다. 위나라가 조나라의 수도 '한단'을 공격하자 전기는 조나라로 향하기로 했다. 조나라와 전면전을 하려고 했던 것이다. 그때 손빈이 말을 꺼냈다.

"지금 조나라와 위나라가 싸우고 있으니 정작 위나라에는 병력은 많지 않을 것입니다. 전기 장군님께서는 군대를 이끌고 위나라 수도 '대량'을 공격하시면 됩니다. 상대방의 본진을 공격해 적의 허를 찌르는 것이지요. 그러면 위나라는 저절로 한단 공격을 포기하고 되돌아갈 것입니다. 그렇게 하면 우리의 피해를 최소한으로 하면서도 목적을 이룰 수 있습니다."

조나라 수도를 거의 함락 직전까지 밀어붙이고 있던 방연은 제나라 군사가 대량을 공격하고 있다는 소식을 듣고 깜짝 놀랐다. 전쟁에 승리한들 수도가 파괴되면 무슨 소용이 있단 말인가! 방연은 서둘러 위나라로 군사를 돌려야만 했다. 오는 길에 방연은 제나라 군사를 만나 작은 전투를 치렀는데 가볍게 승리를 거두었다. 제나라 군사들의 전투력이 너무 형편없었다. 함락

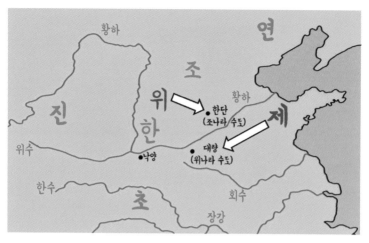

위나라가 조나라를 공격하자 제나라는 곧바로 위나라의 수도를 공격했다.

직전에 군사를 돌려 기분이 울적하던 방연은 제나라 군사에게 화풀이하기로 마음먹고 후퇴하는 제나라 병사들을 추적했다.

그러나 그것은 제나라의 함정이었다. 제나라군은 방연을 계릉으로 유인했고, 이곳에 매복하고 있던 제나라군에게 방연은 크게 패할 수밖에 없었다. 이것이 기원전 353년 벌어진 '계릉 전투'이다. 손빈이 사용했던 위魏나라를 포위해 조趙나라를 구했던 방법에서 **위위구조**라는 고사성어가 나왔다. 강한 적과 싸우려면 정면 대결을 하기보다 약점을 찾아 공격하거나, 그들의 배후를 공격하는 것이 효과적이라는 의미를 담고 있다.

---

 ・**위위구조** 圍둘러쌀 위 魏위나라 위 救구할 구 趙조나라 조

# 손빈 대 방연 후반전, 마릉 전투

방연은 손빈에 대한 열등감을
끝내 극복하지 못했다.

계릉 전투가 있고 13년 후, 위나라가 이번에는 한나라를 공격했다. 위나라 장수는 여전히 방연이었다. 방연은 예전 전투에서 조나라 수도 한단을 거의 함락시킨 공헌을 인정받아 계릉 전투 패배에 대한 처벌을 받지 않았다. 위기에 처한 한나라는 제나라에 도움을 요청했다. 이번에도 제나라는 전기 장군이 출병하기로 했다. 손빈은 계릉 전투와 같은 위위구조 방법을 사용하기로 했다. 제나라의 군대가 한나라로 향하는 것이 아닌 위의 수도 대량을 공격하는 방법이었다.

방연은 어쩔 수 없이 한나라에 대한 공격을 중단하고 위나라로 돌아가야 했지만, 이번에는 달랐다. 제나라가 같은 방식으로 공격할 것을 예상하고 수도에 병력을 남겨 두었을 뿐 아니라 재빠르게 병사를 돌려 제나라 군사를 공격하는 것까지 염두에 두고 있었다. 방연은 생각했다.

'빨리 추격하면 제나라의 본진을 격파할 수 있을 것이다. 제나라 병사들은 전쟁으로 다져진 우리 병사보다 약하다. 따라서 계릉 전투처럼 속임수에 휘둘리지만 않으면 승리를 놓치지 않을 것이다. 그런데 찝찝한 것이 있다. 지난번 우리 수도를 공격하는 전략이나 계릉에서의 속임수……. 아무래도 손빈의 작품 같다. 제나라에 손빈이 살아 있다! 그때 좀 더 확실하게 처리

했어야 했는데.'

이제는 방연도 손빈이 살아 있으며 제나라에서 자신을 이기기 위한 병법을 구사하고 있음을 알아차렸다.

한편 손빈은 위의 수도로 출발하려는 전기 장군에게 자신의 작전을 말했다.

"위나라 병사들은 우리 제나라 병사가 약하다고 생각하고 있습니다. 무시하는 것이지요. 오늘은 이런 심리 상태를 이용해 보겠습니다. 우리가 위나라 땅에 들어가면 첫날 10만 개의 밥 짓는 아궁이를 만드십시오. 둘째 날에는 5만 개, 셋째 날에는 3만 개. 이렇게 하면 우리를 추격하는 위나라는 제나라의 수많은 병사가 혹독한 행군을 이겨 내지 못하고 도망갔다고 생각할 것입니다."

손빈의 의도를 눈치챈 전기는 미소를 지었다.

위나라로 오고 있는 방연은 행군하면서 제나라 군사들의 흔적을 찾아냈다.

'옳거니.'

방연의 추격이 시작되었다. 방연은 제나라 군사들이 야영했던 자리를 자세히 관찰하던 중 아궁이 숫자의 변화를 눈치챘다. 시간이 갈수록 아궁이의 숫자가 점점 줄어들고 있었다. 아무리 봐도 반 이상의 병졸들이 도망간 것이다.

'역시 제나라 군사들은 겁쟁이였어.'

방연은 좀 더 빠른 속도로 추격할 필요를 느꼈다. 걸음이 빠른 정예군만을 골라 엄청나게 빠른 속도로 제나라 군사를 쫓았다. 한참을 추적하다가 방연이 '마릉'이라는 지역에 도착했을 때는 어두컴컴한 밤이었다. 아무것도 보이지 않았는데 유독 길 한가운데 흰 나무가 눈에 띄었다. 방연이 가까이 가 보니 글자가 쓰여 있었다. 그는 글을 읽기 위해 횃불을 들어 문장을 확인하고는 깜짝 놀랐다.

'방연은 오늘 이 나무 아래서 죽을 것이다.'

아뿔싸. 함정이었다. 손빈은 행군 속도를 계산해 그날 저녁 방연의 병사들이 마릉 지역에 도착할 것을 알고 있었다. 마릉은 매복하기에 아주 좋은 지형이었기 때문에 손빈은 제나라 군사 중 활을 잘 쏘는 병사를 골라 매복시키고 방연을 기다리고 있었다. 발사 신호는 바로 '방연의 횃불'이었다. 글을 읽기 위해 방연이 횃불을 들자 수만 개의 화살과 쇠뇌가 방연 쪽으로 날아들었다. 위나라 군사들은 갑작스러운 기습에 여기저기 흩어져 달아나다 대부분 죽음을 맞았고, 방연은 자신이 손빈의 계략에 완전히 속은 것을 알고 스스로 목숨을 끊었다. 방연은 죽어 가면서도 손빈에 대한 자격지심을 숨기지 못했다.

"내가 결국 그 녀석을 유명하게 해 주고 죽는구나."

방연은 자신보다 뛰어난 손빈에 대한 열등감에 평생을 시달렸다. 그는 두 가지 가정을 했다. 손빈과 같은 나라에 있다면 출세하지 못할 것이고, 다른 나라에 있으면 이기지 못할 것으로 생각했다. 하지만 방연과 같은 상황에서 최선의 선택을 한 사람이 있었다. 그는 관포지교의 포숙이었다. 포숙은 관중이 자신보다 더 뛰어나다는 것을 알면서도 최선을 다해 그가 성공하는 것을 지원했다. 그리고 관중과 함께 성공했다. 방연은 시대를 읽지 못했다. 약육강식의 전국 시대에 전투는 동시에 여러 군데에서 발생하는 경우가 많았다. 최고가 아니더라도 최선의 장수와 책략가는 아무리 많아도 지나치지 않았고, 역량을 충분히 발휘한다면 충분히 인정받을 수 있는 시대였다. 방연이 손빈과 함께하는 길을 택했다면 위나라가 전국을 통일했을지도 모른다. 방연이 죽었던 그 전투는 '마릉 전투'라고 불린다. 이 전투에서 패하면서 전국 시대 초기를 주름잡던 위나라의 위치는 크게 흔들렸다. 또한 그림자 전략가였던 손빈은 방연의 말대로 유명해졌다. 그는 자신의 병법을 담은 《손빈병법》을 펴냈으며, 병법가로서 크게 이름을 날리게 되었다.

# 전국 칠웅
# 진나라와
# 합종연횡 이야기

# 상앙의 변법, 이목지신과 작법자폐

상앙은 작은 법도 반드시
지켜진다는 것을 보여 주었다.

중국 서쪽의 진秦나라는 한때 강대국이었다. 방랑 공자였던 중이가 진晉 문공으로 등극하기 전, 군주였던 진 혜공이 약속을 어겨 가며 가뭄을 이용해 진秦나라에 쳐들어왔을 때 단번에 쳐부수고 왕을 사로잡았을 정도였다. 하지만 그 후 진晉나라가 분리되어 생긴 한, 위, 조나라로부터 지속해서 공격을 받아 황하의 서쪽 땅을 야금야금 빼앗기고 서서히 힘이 약해졌다. 진秦나라는 중원 여러 나라에 오랑캐 취급을 받으며 배척당하고 있었다.

진秦나라 왕 '효공'은 다시 전성시대로 돌아가려면 인재를 널리 구해야 한다고 생각했다. 이때 진나라에 도착한 사람이 바로 '공손앙'으로, 나중에 '상앙'으로 더 알려진다. 상앙은 진 효공의 전폭적인 지원 아래 자기 생각을 과감하게 정책으로 실행할 수 있었다. 그것은 나라가 부유해지고 강해지기 위해 기존에 있던 낡은 법과 제도를 완전히 바꾸는 것이었다. 이렇게 상앙에 의해 변한 법을 '상앙의 변법'이라고 한다. 필연적으로 기존의 법과 제도에 익숙해져 있던 많은 왕족과 귀족은 상앙의 시도를 비난하고 나섰다. 하지만 왕의 지지 속에서 상앙은 단호하게 자신의 계획을 계속 밀어붙일 수 있었다.

상앙이 원했던 나라는 백성의 생활을 법률로 엄격하게 간섭, 통제하는 강력한 국가였다. 상앙은 5~10개의 집을 하나의 단위로 만들어 서로 감시하게 했다. 한 집에서 죄를 지으면 나머지 집도 같이 처벌을 받았다. 이 법을 '십오제'라고 하는데, 후에 몇몇 아시아 국가들과 북한의 5호 담당제에도 영향을 주었다. 상앙은 밀고를 장려해 타인의 잘못을 알고도 신고하지 않는 사람에게는 전쟁에서 적에게 투항했을 때 받는 것과 같은 무거운 벌을 내렸다.

하지만 전쟁에서 공을 세운 사람에게는 그에 마땅한 상과 출세의 길을 확실하게 주었다. 이 같은 원칙은 귀족에게도 똑같이 적용되었다. 따라서 평민과 귀족 가릴 것 없이 모두 전쟁에서 큰 공을 세우기 위해 노력할 수밖에 없었고, 이는 훗날 진나라의 전투력 상승에 크게 기여했다. 상앙은 엄격한 법률을 세우고 그것에 따라 상과 벌을 엄격하게 적용했다. 상을 받을 만한 공이 있는 자에게 반드시 상을 주고, 벌을 받을 만한 죄가 있는 자에게 반드시 벌을 준다는 믿음을 진나라에 뿌리내리게 했다. 이것을 **신상필벌**이라고 한다.

완성된 상앙의 법률이 아직 발표되기 전에 있었던 일이다. 상앙은 백성에게 정해진 법이 반드시 시행된다는 것을 보여 주려고 아이디어를 냈다. 그는 1m 정도의 나무를 수도 남쪽 문가에 세워두고, 이 나무를 북문으로 옮기는 사람에게 금 열 개를 주겠다고 선언했다. 백성은 이것을 이상하게 생각했고, 아무도 나무를 옮기지 않았다. 그러자 상앙은 보상 금액을 올려 오십 개의 금을 상금으로 주겠다고 했다. 금액이 커지자 밑져야 본전이라는 생각으로 나무를 옮기는 사람이 등장했다. 상앙은 그에게 실제로 정해진 상금을 수여하고, 이처럼 모든 법률이 그대로 지켜질 것이라는 사실을 백성에게 보여 주었다. 그리고 상앙은 자신의 법률을 발표했다. 여기서 유래한 사자 성어가 '나무를 옮기는 믿음'이라는 뜻의 **이목지신**이다.

상앙의 엄격한 법이 시행되고 1년이 지나자 수많은 사람이 불평불만을 호소했다. 그러던 차에 태자가 법을 위반하는 일이 발생했다. 상앙은 태자에게도 엄한 법을 똑같이 적용하려 했지만, 아무래도 다음 왕이 될 사람을 처벌할 수는 없었다. 그래서 그는 태자 대신 태자를 보좌했던 자와 그의 스승에게 자자형을 내렸다. 자자형은 죄인의 얼굴이나 팔에 지은 죄를 문신하는 벌이었다. 앞서 방연에게 속은 손빈이 받은 형벌이기도 했다. 상앙이 법을 이렇게 강한 자에게도 다름없이 적용하니 백성은 그의 법을 따를 수밖에 없었다. 단, 태자는 상앙의 이러한 처사에 크게 분노했다.

상앙의 법이 제정된 지 10년이 되자 진나라에는 법을 어기는 사람들이 사라졌다. 길에 떨어진 물건을 줍는 사람도 없었으며, 산에는 도적이 없었다. 백성은 공을 세우고자 전쟁에 용감하

---

**고사성어**　・**신상필벌**　　信믿을 신 賞상 줄 상 必반드시 필 罰벌할 벌
　　　　　　・**이목지신**　　移옮길 이 木나무 목 之~의 지 信믿을 신

259

게 나섰지만, 사사로운 싸움은 처벌을 피하려고 모두 자제했다. 이렇게 사회가 안정되자 이제는 처음과 반대로 상앙의 법을 칭송하는 사람들이 생겨났다. 그러나 상앙은 그들마저 처벌했다. 상앙에게 법이란 싫어할 것도, 칭찬할 것도 아닌 원래 존재하는 것, 즉 공기 같은 것이었다. 그냥 아무 말 없이 지키면 되는 것이었다. 이렇게 법을 통해 진나라의 상황이 안정되면서 나라는 서서히 강해졌다.

마릉 대전에서 제나라 손빈에 의해 위나라가 크게 패하자, 상앙은 장군으로 변신해 약해진 위나라를 공격하여 큰 승리를 거두었다. 이로 인해 빼앗겼던 황하 근처의 진나라 땅을 되찾을 수 있었다. 하지만 이때가 상앙의 전성기였다. 상앙의 법은 아주 강한 처벌을 기반으로 한 것이었기 때문에 많은 사람이 상앙에게 원한을 갖고 있었다. 더구나 그의 법은 지위고하를 막론하고 똑같이 적용되었기 때문에 귀족, 왕족의 원망은 하늘을 찌르고 있었다. 고심하던 상앙은 잘 알려지지 않은 현명한 선비인 '조량'을 만나 조언을 구했다. 조량은 과거 진秦나라의 재상이었던 오고대부 백리해와 상앙을 비교하며 말했다.

"오고대부 백리해가 진나라를 다스릴 때는 모든 이들이 그를 존경했고, 그가 세상을 떠나자 모든 사람이 진심으로 슬퍼했습니다. 하지만 당신은 극한 형벌로만 사람들을 다스리니 많은 사람이 당신에 대한 원한을 겹겹이 쌓아 두고 있습니다. 백리해가 나라를 순시할 때에는 호위병이 굳이 필요치 않았지요. 당신은 어떻습니까? 무장한 군사들에 둘러싸이지 않으면 외출조차 못 하지 않습니까? 당신의 처지가 이토록 위태로운데 왜 물러나지 않으십니까? 지금이라도 물러나서 어려운 사람을 돕고, 숨어 있는 현명한 선비를 추천하며, 노인을 모시고 덕을 쌓으셔야 합니다. 만약 지금 왕께서 돌아가시면 당신의 운명은 한 발을 들고 서 있는 것처럼 위태롭게 될 것입니다."

인생을 살다 보면 누구나 적어도 한번은 정확한 조언을 반드시 듣게 된다. 그 조언을 따르느냐 거부하느냐에 따라 인생의 결과가 달라지는 것이다. 하지만 상앙은 조량의 의견에 적극적으로 공감하면서도 그의 말에 따르지는 않았다. 자신이 지닌 강한 권력이 자신을 지켜 줄 것이라는 막연한 기대가 있었던 것일까? 하지만 그런 기대는 오래가지 않았다. 상앙의 든든한 버팀목이었던 진 효공이 사망하고 태자가 왕위를 잇자 상앙의 지위는 단번에 위태로워졌다. 상앙을 증오하고 있던 태자에 의해 그는 하루아침에 진나라의 반역자가 되었고, 체포령이 떨어졌다.

상황을 파악한 상앙은 그제야 진나라 밖으로 도망치려 했으나 국경 검문소의 문은 새벽 첫닭이 울 때까지 열지 못한다는 법이 있었다. 상앙은 밤을 보내려고 어쩔 수 없이 근처 여관에서 묵으려고 했으나 그조차도 쉽지 않았다. 왜냐하면 여행증이 없는 사람을 여관에 묵게 하면 여관 주인이 처벌을 받는다는 법이 있었기 때문이었다. 이 모든 법이 바로 상앙 자신이 만든 것이었다. 여기서 유래한 사자성어가 **작법자폐**이다. 자기가 만든 법에 자신이 죽는다는 뜻으로 '자기가 놓은 덫에 자기가 먼저 걸린다'라는 속담과 유사하다.

상앙은 겨우 진나라 탈출에 성공했지만 받아 주는 나라가 없었고, 결국 사로잡혀 처형당했다. 하지만 진나라의 새로운 왕이 상앙을 처벌했던 이유는 태자 시절의 원한 때문만은 아니었다. 그는 왕이 된 초기에 권력을 잡기 위해서 상앙을 반대하는 왕족과 귀족들을 자기편으로 끌어들일 필요가 있었다. 그래서 어느 정도 국정이 안정되자 진나라 왕은 상앙 이전으로 법을 되돌리려는 세력들을 처벌하고 상앙의 법을 유지했다. 상앙의 법 덕분에 진나라가 나날이 발전하는 것을 태자 시절부터 몸소 체험했기 때문이었다. 또 평민과 귀족에게 공평하게 적용되었던 법은 평민에게는 귀족의 억압을 막아 주는 방패막이 역할도 했다. 그러므로 상앙이 죽은 후에도 그의 법은 평민의 지지 아래 꽤 오랫동안 유지될 수 있었다. 상앙의 변법은 변방에 있는 이민족의 나라였던 진나라를 단숨에 강대국으로 만들었고, 이를 통해 향후 진시황제가 이룰 천하통일의 기틀을 마련할 수 있었다.

고사성어 **·작법자폐** 作만들 작 法법 법 自스스로 자 斃죽을 폐

# 소진,
# 합종설을
# 주장하다

소진은 여섯 나라가 뭉쳐야만
진나라의 공격을 막아 낼 수
있다는 '합종설'을 주장했다.

상앙의 법으로 진나라가 내실을 다지면서 급격히 성장하자 진나라를 제외한 나머지 여섯 나라는 진나라에 대응할 방법을 놓고 서로 갈등했다. 이때 여섯 나라가 배신하지 않고 서로 힘을 합해 진나라에 맞서야 한다는 '합종설'을 주장한 학자가 있었다. 그의 이름은 '소진'이었다. 소진의 스승은 귀곡자鬼谷子였는데, 이 귀곡자가 손빈과 방연을 가르쳤던 이와 같은 인물인지는 확실하지 않다. 귀곡자의 전문 분야는 국제 외교와 관련한 각종 권모술수였다. 전국 시대처럼 여러 나라가 뒤엉켜 전쟁을 벌이고 있을 때 가장 필요한 학문 분야라 할 수 있다.

귀곡자 선생과의 학업을 마친 소진은 여러 나라를 찾아가 자신의 이론을 설명하며 출셋길을 찾았지만, 어느 나라도 그를 받아 주지 않았다. 당시에 그런 식으로 돌아다니며 벼슬자리를 찾는 말만 번드르르하게 잘하는 학자들이 너무 많았기 때문에 소진의 특별함이 부각되지 않았다. 힘이 빠져 집으로 되돌아온 소진에게 돌아온 것은 가족의 응원이 아니라 심한 구박과 멸시였다.

"농부는 노동으로 곡식을 얻고, 물건을 만들어 이익을 남기는데, 입으로 출세하겠다는 것이 말이나 되오. 공연히 출세하겠다고 나서지 마세요."

소진은 서러워서 방 안에 파묻혀 자기 스스로 학습을 시작했다.

"사내대장부로 태어나서 훌륭한 스승님을 사부로 모시고 그렇게 열심히 공부했는데, 배운 게 있으면 배운 것으로 성공해서 보란 듯이 살아야지, 이제 와 포기하면 그동안 배운 게 무슨 소용이 있어."

소진은 밤낮으로 쉬지 않고 공부에 매진했다. 밤에 잠이 오면 송곳으로 허벅다리를 찔러서 공부를 계속했는데, 아침이 되면 허벅지에서 나온 피가 발끝까지 흘러 있었다고 한다. 허벅지를 찔러 가며 공부했던 소진처럼, 전한 시대의 '손경'이라는 선비는 자기 목에 두른 끈을 천장 대들보에 묶어 잠들면 목이 졸리게 했다고 한다. 이렇게 열심히 학문에 매진했던 소진과 손경의 이야기에서 유래한 사자성어가 **자고현량**이다. 이렇게 열심히 공부했던 소진은 1년이 지나자 드디어 큰 깨달음을 얻었다. 그에게 부족한 것은 바로 '남의 마음을 읽는 법'이었다. 아무리 좋은 이론이 있어도 그 이론을 듣는 군주의 마음을 감동시키지 못하면 전달되지 않는 것이다. 이제 소진은 다시 자신감을 얻고 세상으로 나아갔다.

소진은 제일 먼저 강대국인 진나라를 찾아갔다. 취업을 하

---

 **· 자고현량**　刺찌를 자 股넓적다리 고 懸매달 현 梁들보 량

전국 칠웅의 위치를 확인하면서 소진의 설명을 들어
보자.

려면 일단 대기업에 먼저 입사원서를 내보고 싶은 것이다. 하지만 당시 막 상앙을 처형했던 진나라 왕은 말솜씨만 앞세운 선비에 대한 지겨움이 남은 상태였다. 진나라는 소진의 의견을 귀담아듣지 않았다. 이어서 찾아갔던 조나라도 시큰둥했다. 소진은 가장 동쪽에 있는 연나라를 찾아가 연나라 왕에게 자신의 합종설을 처음 꺼냈다.

"그동안 연나라가 중국 중심부의 전쟁에 휘둘리지 않고 안정을 유지하고 있는 것은 서쪽의 조나라가 연나라를 덮어 막고 있기 때문입니다. 따라서 대왕께선 조나라와 친교를 맺어 함께 행동한다면 앞으로도 큰 문제 없이 연나라의 안전을 지킬 수 있을 것입니다. 그러나 조나라가 진나라에 멸망한다면 어떻게 될까요? 이를 막으려면 진나라를 제외한 여섯 나라가 세로로 연합하여 진나라에 대항해야 합니다."

세로 방향, 즉 종적으로 연합하자는 이론, **합종설**의 웅대한 포부를 들은 연나라 왕은 소진의 의견에 적극적으로 동의했다. 그리고 다른 나라를 설득하는 데 지원을 아끼지 않았다. 소진은 계획의 첫 번째 단계를 이렇게 완성했다. 소진은 다시 조나라를 찾아갔다. 연나라의 든든한 지원 덕에 소진은 이제 허름한 선비가 아니었다. 그는 조나라 왕에게 자기 생각을 술술 말했다. 소진의 전략은 일단 칭찬으로 시작해 상대의 경계심을 풀어놓은 다음, 걱정되는 문제점들을 말하여 상대방이 불안을 느끼면 그때 준비한 해결책을 제시하는 방법이었다. 다른 사람을 설득할 때 유용하게 사용할 수 있을 듯하다.

"지금 중국 북쪽에서 가장 강한 나라는 조나라입니다. 그래서 진나라가 감히 조나라를 선뜻 공격하진 못할 것입니다. 하지만 진나라가 조나라를 공격하지 않는 다른 이유도 있습니다. 그것은 진나라가 조나라를 공격할 때 한나라와 위나라가 후방을 공격할 수 있기 때문입니다. 그런데 만약 진나라가 한나라와 위나라를 먼저 멸망시킨다면 조나라는 더 이상 안전하지 않게 됩니다. 방법이 있습니다. 진나라를 제외한 여섯 나라가 모두 모여 서로 인질을 교환하고 한 나라가 침략당하면 힘을 모아 구해 주면 됩니다."

소진의 의견을 불안하게 듣고 있던 조나라 왕은 마지막에 합종설이 등장하자 크게 기뻐하여 다른 나라 왕들과 연합을 추진하는 책임을 소진에게 맡겼다. 계획대로 착착 진행되고 있었

**고사성어** ·**합종설** **合**합할 합 **從**좇을 종 **說**말씀 설

으나 소진은 불안했다. 여섯 나라의 연합이 완성되기 전에 진나라가 움직이면 모든 계획은 허사가 되기 때문이다. 그런데 그일이 실제로 일어나려 하고 있었다. 진나라가 위나라를 공격하고 다시 동쪽으로 진군하고 있었다. 소진에게는 합종 계획이 마무리되는 동안 진나라의 공격을 일시적으로 막아 줄 능력이 있는 또 한 명의 전략가가 필요했다. 그때 소진의 머릿속에 떠오른 이가 귀곡자에게 같이 수업받았던 동료 '장의'였다.

'어떻게 하면 장의를 진나라로 보내서 다른 나라에 대한 공격을 일시 중단하도록 할 수 있을까?'

# 장의,
# 내 혀가 아직
# 제자리에 있습니까?

내 혀만 있으면 된다

하얗게 얻어맞았다

장의

장의는 훗날 연횡책을 완성해
진나라의 통일을 주도적으로
이끌게 된다.

그 시기 장의도 귀곡자와의 수업을 마치고 여러 나라를 돌아다니며 자기 이론을 홍보 중이었다. 초나라 재상과 술자리를 가졌던 때의 일이다. 당시 초나라 재상이 무척 아끼던 보물이 사라졌는데, 그 보물은 왕에게 선물로 받은 유명한 옥이었다. 그곳에 있던 여러 손님은 가난한 장의가 범인이라며 몰아세웠다. 재상은 장의를 잡아다가 수백 대의 매를 쳤지만, 장의로서는 자신이 훔치지 않은 것을 자백할 수는 없는 법이었다. 처참한 모습으로 겨우 풀려난 장의를 보고 아내는 울면서 말했다.

"얼마나 아프십니까? 차라리 책을 읽지 말 것을……."

하지만 장의는 밝게 아내에게 대답했다.

"내 혀가 아직 제자리에 있습니까? 그럼 됐습니다."

장의의 이러한 유쾌한 반응에서 **오설상재**라는 고사성어가 나왔다. 비록 몸은 심하게 망가졌지만, 혀만 살아 있으면 다른 사람을 말로 설득할 수 있으니 뜻을 펼 수 있다는 낙천적인 말이다.

어느 날 장의에게 소진으로부터 연락이 왔다. 소진은 이미

고사성어 •오설상재　吾나 오 舌혀 설 尙아직 상 在있을 재

조나라에서 중요한 역할을 맡고 있으니 만나자는 것이었다.

'좋은 친구의 소개로 이제 나도 출세할 수 있을까.'

하지만 들뜬 마음으로 소진을 만나러 간 장의는 크게 실망했다. 장의에 대한 소진의 대우가 아주 엉망이었기 때문이다. 만나 주지도 않고 며칠을 기다리게 하더니 친구인데도 하인처럼 대하며 음식도 형편없었다. 거기에다가 소진은 장의에게 악담과 잔소리까지 퍼부었다.

"자네처럼 재능이 있는 자가 이렇게 가난하게 살다니 너무 불쌍하군. 내가 친구의 우정으로 자네를 도와 부귀를 누리게 할 수도 있겠지만, 아무리 생각해도 자네는 거두어 쓰기엔 부족한 인물일세. 내 어찌 자네를 왕에게 추천할 수 있겠는가."

장의는 믿었던 친구에게 큰 치욕을 당하자 분노가 치밀어 올랐다. 그는 소진에게 복수하겠다는 마음으로 조나라를 공격할 수 있는 진나라로 떠나기로 했다. 다행히 그의 뜻에 동의하는 한 귀족이 있어 진나라까지 가는 자금과 여행을 도와줄 몸종을 한 명 제공했다. 진나라 왕은 장의를 좋게 보았고, 덕분에 장의는 작은 벼슬을 하나 얻을 수 있었다. 즐거워하는 장의에게 그동안 동행했던 몸종이 이제 떠나겠다며 작별인사를 하러 왔다. 서운한 마음에 장의는 그에게 물었다.

"그대와 어르신의 후원 덕에 나는 벼슬을 얻었네. 이제야 그동안 도와준 은혜에 보답하려고 하는데 왜 떠나려 하는가?"

몸종은 그제야 비밀을 털어놓았다.

"사실 저는 소진 님의 하수인입니다. 소진 님은 진나라를 제외한 나머지 여섯 나라가 힘을 합쳐 진나라에 대항할 방법을 계획하고 계십니다. 그런데 계획이 완성되기 전에 진나라가 조나라를 공격하면 소진 님의 계획은 모두 허사가 됩니다. 그래서 소진 님은 장의 님께서 진나라가 공격하지 않도록 조치해 주시길 바랐습니다. 그것을 위해 당신을 분노하게 해 스스로 진나라를 찾아가도록 하신 것입니다. 그동안 자금을 대 주신 것도 모두 소진 님입니다. 장의 님은 이제 진나라에 자리 잡았고, 소진 님께서는 장의 님의 능력이라면 조만간 진나라에서 높은 자리에 오를 것이라고 하셨습니다. 저는 제 역할을 다했으니 돌아가려 합니다."

장의는 드디어 소진의 깊은 뜻을 알게 되었다. 그리고 돌아가는 소진의 신하에게 합종이 완성될 때까지 그의 계획을 방해하는 진나라의 공격을 막아 주겠다고 약속했다. 소진의 예상처럼 장의는 빨리 진나라 재상이 되었다. 재상이 된 장의는 초나라 재상에게 한 통의 편지를 써서 보냈다.

'지난날 내가 그대와 술을 마셨을 때, 그대는 보물을 훔쳤다고 모함하며 나에게 심한 매질을 한 적이 있소. 나라를 잘 지키시오. 곧 뺏으러 가겠소.'

장의는 소진과의 약속을 어느 정도 지키고 나면 진나라를 위해서 자신만의 외교를 펼치기로 마음먹었다. 그것은 소진이 완성한 합종을 하나씩 다시 떼어 내는 작업이었다.

# 소진, 동시에 여섯 나라의 재상이 되다

소진은 연나라에서 초나라에 이르는 거대한 동맹을 완성하고, 각국의 재상을 겸임했다.

한편 장의의 도움을 받아 진나라 상황을 안정시킨 소진은 거침없이 나머지 나라들을 설득하기 시작했다. 그의 정확한 현실 진단과 말솜씨, 믿음직한 해결책에 한나라, 위나라, 제나라, 초나라 순으로 모두 그의 합종 계획을 받아들였다. 기원전 333년, 연나리에서 초나라에 이르는 거대한 동맹이 완성되었다. 소진은 6개국 동맹의 장이 되었고, 여섯 개 나라의 재상을 겸임하게 되었다. 이로써 강대국 진나라는 국경 밖으로 병사를 내보내지 못했으며, 진나라의 동쪽 진출은 약 15년간 저지당했다. 한 사람이 그저 말솜씨로 이룩한 엄청난 결과였다. 하지만 이런 종류의 연합은 오래갈 수가 없다. 나라 사이의 소소한 전투들은 계속 일어날 수밖에 없기 때문이다.

　한번은 제나라가 연나라를 침략해 열 개의 성을 빼앗은 적이 있다. 연나라 왕은 소진을 원망하였다. 이에 소진은 제나라로 가서 왕을 만나 특이한 인사를 했다. 축하하면서도 불행을 위로한 것이다. 제나라 왕이 이유를 묻자 소진은 대답했다.

　"연나라 성 10개를 빼앗은 것은 제나라로서는 축하받을 만한 일이지만, 혹시 연나라 왕의 장인어른이 진나라 왕인 것을 알고 계시오? 이제 제나라는 진나라와 원수가 된 것이니 불행해진 것이지요. 어서 빼앗은 10개의 성을 돌려주시고, 여섯 나라의 약속을 단단하게 지켜 주시면 모든 나라가 대왕의 결정을 찬양할 것입니다."

소진의 설득으로 연나라가 성을 되돌려 받기는 했지만, 그 후로도 크고 작은 문제들은 계속 발생했다. 소진은 그 문제를 해결하고자 여러 나라를 돌아다니며 설득하고, 때로는 거짓말을 하며 합종을 유지하는 데 최선을 다했다. 하지만 각 나라의 이기심 때문에 결국 6개국 동맹은 서서히 깨져 가고 있었다. 위치가 애매해진 소진은 합종설을 포기하고 모든 것의 시작이었던 연나라로 돌아가 벼슬을 얻었고, 연나라 왕의 밀명을 받고 제나라에서 첩자 역할을 하기도 했다. 그러던 중 소진을 시기한 연나라 귀족에게 암살당하고 말았다. 6개 나라의 재상을 동시에 역임하며 한 시대를 지배했던 전략가의 허망한 죽음이었다.

# 장의,
# 연횡책을
# 시작하다

혀만
붙어 있으면
됩니다

합종
소진

연횡
장의

합종설의 소진과 연횡설의 장의

진나라 장의는 초반에는 소진을 도와주었지만, 슬슬 그의 합종책을 깨기 위한 대책을 마련해야 한다고 생각했다. 그는 첫 번째로 위나라를 찾아가 왕에게 자기 생각을 말했다.

　　"소진의 합종으로 여섯 나라의 연합이 15년 정도 지속되었습니다. 그러나 이 연합은 매우 불안한 것입니다. 각 나라의 작은 욕심, 사소한 다툼에도 깨질 수밖에 없는 것이지요. 더구나 소진에게 설득당했던 왕들이 나이가 들어 사망하면 새로 즉위한 왕들도 이 약속을 지킬까요? 위나라는 중국의 한복판에 있습니다. 만약 여섯 나라의 연합이 깨지면 가장 전쟁에 휘둘리기 쉽겠지요. 방법은 하나입니다. 우리 진나라와 힘을 합침으로써 이것을 극복할 수 있습니다."

　　장의의 설득에 넘어간 위나라는 제일 먼저 6개국의 종약을 깨뜨리고 진나라를 섬기기로 했다. 이렇게 진나라와 횡으로 하나씩 하나씩 6개국이 연합을 맺는 것을 장의의 **연횡책**이라고 한다.

　　장의는 초나라와도 연합을 맺으려 했으나 초나라는 이미

고사성어 　・**연횡책**　　**連**연속할 연 **橫**가로 횡 **策**계책 책 소진에 의해서 제나라와 연합을 맺고 있었다. 장의는 이 문제를 해결하려고 다소 무리한 이야기를 초나라 왕에게 꺼냈다.

"대왕께서 제 말을 믿고 제나라와의 약속을 깨신다면 진나라 땅 600리를 초나라에 바치고, 진나라와 초나라가 서로 형제의 나라가 될 수 있게 하겠습니다."

600리면 240㎞에 이르는 엄청난 크기의 땅이다. 초나라 왕은 크게 기뻐하며 흔쾌히 장의의 말에 동의했다. 그는 제나라와의 맹약을 끊은 후 부하를 시켜 장의를 따라가 땅을 받아오도록 지시했다. 하지만 장의는 약속을 지킬 생각이 전혀 없었다. 보물을 훔쳤다는 누명을 씌워 자기에게 매질한 초나라에 대한 감정의 앙금이 아직 남아 있었다.

장의는 진나라에 도착할 때쯤 일부러 술을 마시기 시작했다. 그리고 진나라에 도착해서는 술에 취해 비틀거리더니 실수인지 일부러인지 수레에서 굴러떨어졌다. 장의는 그 후 질병을 핑계로 3개월이나 집 밖으로 모습을 드러내지 않았다. 장의가 궁에 가서 진나라 왕을 만나지 못했으니 약속한 토지에 대한 문제는 아직 상의조차 하지 못했다. 이쯤이면 장의의 의도를 눈치챘을 만도 한데 순진한 초나라 왕은 여전히 장의를 믿고 있었다. 오히려 자신이 제나라와의 맹약을 좀 더 확실하게 끝맺지 못하여 땅의 인도가 늦어지는 것으로 생각했다. 초나라 왕은 제나라에 편지를 보내 제나라를 모욕하고 맹약을 끊겠다는 의사를 좀 더 명확하게 했다. 뜬금없는 절교와 모욕 편지를 받은 제나라 왕은 크게 노했고, 초나라를 버리고 진나라와 친교를 맺었다. 제나라와 진나라가 친교를 맺자 드디어 장의가 다시 등장했다. 장의의 원래 목표는 바로 제나라였고, 초나라는 그저 이용당한 것이다. 진나라에 있어 제나라와의 친교가 중요했던 이유는 '먼 나라와 화친한 다음에 가까운 나라를 공격한다'라는 기본 원칙이 있었기 때문이다. 이것을 **원교근공**이라고 한다.

먼 나라(제나라)와의 화친이라는 목표를 달성한 장의는 초나라 사신에게 말했다.

"제가 나라에서 받은 땅 6리 정도가 있으니 그것을 초나라의 왕에게 바치겠습니다."

사신을 통해 장의의 이야기를 전달받은 초나라 왕은 장의에게 완전히 속았음을 깨달았다. 분노한 초나라 왕은 군대를 동원해 진나라로 쳐들어갔다. 하지만 왕이 흥분하여 급조한 초나라 군대와 이 모든 것을 예상하고 대비한 진나라 군대의 싸움은 결과를 볼 필요도 없었다. 피해가 누적되자 결국 초나라는 두 개의 성을 내주고 굴욕적으로 진나라와 강화를 맺어야만 했다.

다음 해 진나라는 초나라에 빼앗은 성 일부를 돌려주고 화친을 하자고 요구했다. 소진의 합종책을 깨뜨리고 장의의 연횡책을 계속 진행하려면 초나라와의 관계도 매우 중요했다. 하지

---

 **·원교근공**　　**遠**멀 원 **交**사귈 교 **近**가까울 근 **攻**공격할 공

만 초나라 왕의 답변은 살벌했다.

"나는 땅이 필요 없다. 장의만 보내라."

진나라 왕과 신하들은 이번에 장의가 초나라로 가면 살아 돌아오지 못한다는 것을 알고 있었다. 하지만 장의는 연횡책을 완성하고자 스스로 가겠다고 나섰다. 초나라에 도착한 장의는 예상대로 곧바로 감옥에 갇혔다. 하지만 장의의 편을 들어주기로 미리 약속해 둔 초나라 몇몇 신하 덕에 겨우 풀려 나왔다. 장의는 초나라 왕에게 말했다.

"지금 천하의 강국은 진나라 아니면 초나라입니다. 지금 두 나라가 싸우는 것은 우리에겐 이득이 전혀 없고, 우리가 약해지기를 기다리는 다른 나라에만 좋은 일입니다. 현재 진나라를 제외한 여섯 나라가 맹약을 맺어 서로 지켜 주기로 한 것을 알고 있습니다. 하지만 그 의견을 처음 주장한 소진은 지금 어떻게 되었습니까? 결국 합종을 포기하고 연나라로 돌아갔다가 암살당하지 않았습니까? 여섯 나라가 하나로 뭉칠 수 있다는 순진한 생각을 더는 하지 마시길 바랍니다."

장의의 말을 듣고 곰곰이 생각하던 초나라 왕은 그의 말이 맞는다는 것을 알았다. 그리하여 땅 약속을 어긴 장의를 용서하는 한편, 진나라와 친교 하기로 하였다. 이런 방식으로 장의는 한나라, 제나라, 조나라, 연나라까지 모두 설득하였다. 진나라를 중심으로 나머지 여섯 나라와 동맹 관계를 맺는 데 성공함으로써 소진의 합종책을 완전히 깨 버리는 연횡책을 완성했다.

소진과 장의의 외교 정책에서 유래한 사자성어가 **합종연횡**이다. 여기서 종(從)은 진나라를 제외한 6개국의 남북 방향 연합을 말하고, 횡(衡)은 진나라와 다른 나라들의 동서 방향 연합을 뜻한다. 덕분에 외교 무대에서 활약하는 사람들을 그 시대에는 '종횡가'라 불렀다. 그리고 소진과 장의의 이름을 따서 만든 사자성어도 있다. 말 그대로 **소진장의**인데, 말솜씨가 아주 뛰어난 사람을 가리키는 말이다. 하지만 장의가 연횡책을 완성하는 긴 여정을 마치고 복귀했을 때 새로 즉위한 진나라 왕은 장의를 별로 좋아하지 않았다. 점점 권력을 잃게 된 장의는 결국 진나라를 떠나 위나라에서 재상을 하다가 1년 만에 사망했다.

---

 **고사성어**　• **합종연횡**　　**合**합할 합 **從**좇을 종 **連**연이을 연 **衡**가로 횡
　　　　　　　• **소진장의**　　**蘇秦張儀**

# 전국 사군자
# 맹상군 이야기

# 맹상군과
# 계명구도

아무리 작은 능력이라도 꼭
필요할 때가 있다.

전국 시대 군주들이 나라를 부강하게 하려고 인재를 모으
듯, 당시 힘 있는 귀족이나 왕족도 인재를 모으는 데 힘썼다. 그
중 가장 대표적인 네 명을 '전국 사군자'라고 했으니, 제나라 맹
상군, 조나라 평원군, 위나라 신릉군, 초나라 춘신군이 그들이
다. 전국 사군자의 공통점은 문하에 능력 있는 식객을 두고 여
러 나라에서 많은 지지를 받았으며 진나라에 대항했다는 점이
다. 전국 사군자 중 가장 유명한 사람은 맹상군이었다.

　제나라 왕족이었던 그의 아버지는 서출인 맹상군을 어릴
때 버리려고 했다. 그가 5월 5일에 태어났기 때문이다. 당시에
는 그날 태어난 아이는 자라서 아버지를 죽인다는 미신이 있었
다. 그래서 맹상군의 어머니는 그를 몰래 길렀다가 장성한 다음
에야 아버지에게 데리고 갔다. 그의 모습을 본 아버지가 당황해
소리를 질렀다.

　"저 녀석을 버리지 않고 지금까지 길렀단 말이냐!"

　맹상군은 침착하게 물었다.

　"아버지께서는 왜 저를 버리려 하십니까?"

　민망해진 아버지가 대답했다.

　"속설이긴 하다만 5월 5일에 태어난 아이가 문설주만큼 자
라면 아비를 죽인다고 하지 않더냐. 그건 너도 들어 보았지?"

전국 사군자 중 맹상군의 위치

문설주란 문짝을 끼우려고 문 양쪽에 세운 기둥이다. 맹상
군이 말을 이었다.

"사람 목숨을 정하는 건 하늘인가요, 문설주인가요? 하늘
이 정한다면 걱정하실 게 없고 문설주가 정한다면 저를 버리는
것보다 문설주를 높이면 되지 않을까요?"

맹상군의 현명한 대답에 아버지는 더 이상 말을 잇지 못하
고 부끄러워했으며 나중에 그를 후계자로 세웠다.

맹상군은 현명함으로 이름을 널리 알렸다. 특히 재산을 털
어 인재들을 아끼고 대우하여 남들과 다른 특별함이 있는 사람
들이 그의 식객으로 들어갔는데, 그 수가 수천에 이르렀다고 한

다. 하루는 진나라 왕이 맹상군을 너무 존경하여 그를 초청했다. 그러나 맹상군 일행이 진나라에 도착하자 마음을 바꾸어 감옥에 가두었다. 어찌 된 일일까? 맹상군은 뛰어나지만 제나라 왕족이니 진나라에 유리한 일은 하지 않을 것이고, 그렇다면 일단 가두어 두고 작전을 써서 죽이자는 쪽으로 진나라의 계획이 바뀐 것이었다.

위기에 빠진 맹상군은 진나라 왕의 첩을 매수하여 탈출하는 데 도움을 얻고자 했다. 그런데 그녀는 맹상군에게 '호백구'라는 뇌물을 요구했다. 호백구는 여우 겨드랑이에 있는 하얗고 부드러운 털을 모아 만든 가죽옷을 말했다. 맹상군은 호백구를 진나라에 가지고 왔지만 아쉽게도 이미 진나라 왕에게 바친 후였다. 그때 식객 중 한 명이 나섰는데, 그의 재주는 개 흉내를 내며 물건을 훔치는 것이었다. 그는 개처럼 몰래 궁중 보물 창고에 들어가 호백구를 훔치는 데 성공했다. 호백구를 받은 진나라 왕의 첩은 약속대로 왕에게 간청하여 맹상군을 풀어 주게 하였다. 옥에서 풀려난 맹상군은 그 즉시 말을 타고 귀국길에 올랐다.

허겁지겁 진나라 국경에 도착한 맹상군 일행. 그때는 이미 밤중이었다. 듣자 하니 맘이 변한 진나라 왕이 다시 병사들을 시켜 그를 추격하는 모양이었다. 그런데 진나라 국경이 열리지 않았다. 진나라 법에는 닭이 울어야 국경을 통과시키게 되어 있었다. 안절부절못하는 맹상군의 앞에 또 다른 식객이 나타났다. 그의 재주는 닭 울음소리를 똑같이 흉내 낼 수 있는 것이었다.

(도대체 이들을 진나라까지 왜 데리고 간 걸까?) 식객이 닭 울음소리를 똑같이 내자 그 소리를 들은 다른 닭들도 일제히 울기 시작했다. 덕분에 국경이 열렸고 맹상군은 국경을 무사히 통과하여 제나라로 돌아올 수 있었다. 이렇게 개 흉내를 잘 내는 도둑이나 닭 울음소리를 내는 등의 하찮은 재주를 가진 사람도 쓸모 있음을 보여 준 맹상군의 탈출기에서 유래한 사자성어가 **계명구도**이다.

---

**고사성어**  ·**계명구도**    **鷄**닭 계 **鳴**울 명 **狗**개 구 **盜**도둑 도

# 맹상군과
# 교토삼굴

어떤 일을 확실히 대비하려면
적어도 세 가지 상황에 대한
준비가 필요하다.

맹상군의 이야기를 하나 더 만나 보자. 그의 식객 중에 '풍훤'이라는 사람이 있었다. 눈에 띄는 특별한 재주는 없어 보였지만 불평불만이 꽤 많은 친구였다. 하지만 맹상군은 혹시나 하면서 그가 원하는 만큼의 대우를 해 주고 있었다. 그러던 어느 날, 맹상군은 풍훤의 능력도 시험할 겸 그에게 이자를 받아 오라고 시켰다. 이자? 맹상군이 사채업을 했단 말인가? 사실 맹상군은 많은 식객을 데리고 있어 돈이 항상 필요했기 때문에 자신이 왕족으로서 받은 '설읍' 땅에 살고 있는 농민을 대상으로 돈을 빌려주고 이자를 받고 있었다. 설읍으로 출발하기 전 풍훤이 물었다.

"이자를 받으면 무엇을 사 올까요?"

맹상군은 대답했다.

"글쎄, 집에 부족한 게 무엇인지 스스로 생각해 보고 그것을 사 오게."

풍훤은 설읍에서 집마다 돌아다니며 이자를 받았다. 그리고 그 이자로 잔치를 열어 사람들을 모두 모이게 했다. 약간 어리둥절하면서도 즐거운 잔치가 계속되었고 잔치가 끝날 무렵 풍훤이 입을 열었다.

"사실은 영주님께서 여러분에게 하신 말씀을 전하고 싶어 잔치를 열었습니다. 영주님께서 그동안 여러분께 빌려드린 돈을 안 받기로 결정하셨습니다. 또한 돈을 빌려주면서 썼던 차용증도 모두 태워 버리라 하셨습니다."

이야기를 들은 마을 사람들은 맹상군의 은혜에 감동하여 거듭 절을 하기 시작했다. 그리고 앞으로도 맹상군을 모시겠다고 소리 높여 외쳤다. 감동적인 이야기지만, 풍훤은 맹상군과 아무런 상의 없이 독단적으로 이런 결정을 내린 것이었다.

풍훤을 통해 사실을 알게 된 맹상군은 기가 막혔다. 식객이 자신의 허락도 얻지 않고 받은 이자로 잔치를 열어 돈을 다 써 버린 데다가 그동안 빌려준 돈도 모두 탕감해 주고 왔기 때문이다. 맹상군은 이유를 알고 싶었다. 풍훤은 말했다.

"받은 이자로 잔치를 연 것은 마을 사람들이 모두 모이게 하기 위함이었습니다. 그리고 제가 출발할 때 집에 부족한 것을 사 오라고 하셨지요? 저는 마을 사람들의 빚을 없애 주고 차용증을 불태움으로써 맹상군의 은혜를 크게 높였고, 마을 사람들의 어르신에 대한 의리를 두텁게 만들고 왔습니다. 즉 제가 오늘 사 온 것은 은혜와 의리입니다."

청산유수 같은 풍훤의 말에 맹상군은 할 말이 많지만 하지 않았다.

시간이 지나 맹상군에게 정치적인 위기가 닥쳤다. 당시 맹상군은 제나라 재상이었는데 왕의 미움을 받아 갑자기 파면된 것이다. 맹상군이 큰 집과 많은 식객을 더는 유지할 수 없게 되자 식객들은 그동안 고마웠다는 인사도 없이 조용히 모두 떠났다. 식객들의 행동에 크게 실망한 맹상군은 터벅터벅 자신의 설읍 땅으로 향했다. 그런데 설읍 땅에 다가가자 놀라지 않을 수 없었다. 마을 사람들이 마을 백 리 밖까지 뛰쳐나와 자신을 환영하고 있었기 때문이다.

'이것이 바로 풍훤이 언젠가 말했던 은혜와 의리인가?'

감동하는 맹상군에게 풍훤은 말했다.

"공자님, 꾀가 많은 토끼들은 굴을 세 개씩 파놓는다고 합니다. 한두 개의 굴로는 생명을 보존할 수 없기 때문이지요. 지금 설읍에서 보신 광경은 굴 하나에 불과합니다. 이제 저는 두 개의 굴을 더 준비하려고 합니다."

풍훤은 제나라와 경쟁하고 있는 위나라를 찾아가 이렇게 말했다.

"지금 제나라가 맹상군을 버렸습니다. 제나라의 사정을 누구보다 잘 아는 맹상군이 지금 제나라를 원망하고 있으니 그를 빨리 영입하여 제나라를 무너뜨릴 절호의 기회로 삼으십시오."

그 말을 들을 위나라는 맹상군을 재상으로 영입하기 위해 수레에 금을 가득 실어 제나라로 보냈다. 여기까지 확인한 풍훤은 재빨리 제나라로 향했다. 그리고 제나라 왕에게 말했다.

"지금 위나라가 맹상군을 영입하려고 금 수레를 보내고 있습니다. 위나라가 남의 나라 재상을 이처럼 극진히 모셔 가려고 하는 것은 그의 현명함을 알아본 게 아니겠습니까? 빨리 능력 있는 맹상군을 적국에 뺏기지 않도록 막아야 할 것입니다."

　제나라 왕은 처음엔 긴가민가했지만, 실제로 위나라의 금수레가 제나라로 오고 있는 것을 확인하고 깜짝 놀랐다. 왕은 맹상군을 다시 불러 사과와 함께 극진히 대우하며 재상 자리에 앉혔다.

　여기에 풍훤은 하나의 굴을 더 파기로 했다. 그것은 맹상군의 땅 설읍에 제나라 조상의 종묘를 세우도록 한 것이다. 이러면 어떤 왕이라도 맹상군을 함부로 대하지 못할 것이다. 이렇게 풍훤의 기지로 위기를 극복하게 된 맹상군의 이야기에서 유래한 고사성어가 **교토삼굴**이다. 풍훤의 설명대로 교활한 토끼가 굴을 세 개 판다는 뜻이지만, 우리가 앞날을 위해 여러 가지 의미 있는 준비를 미리 한다면, 뜻하지 않은 불행에 대비할 수 있음을 의미하는 말이다.

 ・**교토삼굴**　　**狡**교활할 교 **兎**토끼 토 **三**셋 삼 **窟**굴 굴

# 전국 시대
# 연나라와 조나라
# 이야기

# 먼저 저에게 베푸시지요

인재에 목말라하는 연나라
소양왕에게 신하였던 곽외는
천리마 이야기를 하며 깨달음을
준다.

연나라는 제나라의 침략을 원망하며 원수를 갚을 날을 고대했다. 하지만 제나라와 싸울 힘이 없었다. 힘을 기르려면 좋은 인재를 구하는 것이 필수적이었다. 연나라 '소양왕'은 책략가 '곽외'에게 좋은 인재를 얻는 법을 상의했다. 곽외가 갑자기 옛날이야기를 꺼냈다.

　"옛날 어떤 왕이 천금을 신하에게 주면서 천리마를 구해 오라고 명령했답니다. 그런데 신하가 천리마를 사려고 보니 이미 천리마는 죽어 있었지요. 신하는 오백 금을 주고 그 죽은 말의 시체를 사 오는 수밖에 없었습니다. 죽은 말을 비싼 값에 사 오자 왕은 당연히 화를 냈겠지요? 그때 신하는 이렇게 말했습니다. '죽은 말도 이렇게 비싸게 사 왔는데 천리마를 가진 사람이 어찌 가만히 있겠습니까? 이제 곧 천리마가 우리에게 올 것입니다.' 그리고 얼마 지나지 않아 그 신하의 말은 사실이 되었다고 합니다."

　여기까지 옛날이야기를 하던 곽외는 다시 자세를 조아리며 말했다.

　"왕이 죽은 천리마인 저를 좋은 대우로 먼저 기용하신다면 많은 진짜 천리마가 이보다 더 대우를 받을 것이라 기대하여 곧 찾아올 것입니다."

'먼저 나한테 잘해'라는 단순한 의견이었지만 소양왕은 깨달은 바가 있어 곽외에게 새집을 지어 주고 큰 선물을 내렸다. 여기서 유래한 사자성어가 **선시어외**로, 큰일을 도모하려면 일단 가까이 있는 손쉬운 일부터 시작하라는 의미이다. 또 구할 것을 먼 곳에서 찾지 말고 가까이 있는 것으로부터 구하라는 뜻도 있다. 이런 과정을 통해 연나라에 도착한 인재가 바로 명장 '악의'였다.

---

 · 선시어외    **先**먼저 선 **始**비로소 시 **於**~부터 어 **隗**곽외의 외

### ★ 고사성어 하나 더

**어부지리**   **漁**고기 잡을 어 **父**아비 부 **之**어조사 지 **利**이로울 리

연나라는 서쪽 조나라, 남쪽 제나라와 국경이 접해 있다. 연나라는 제나라와 사이가 좋지 않아 제나라와의 국경에 병력을 많이 배치해 두고 있었는데, 어느 날 조나라가 연나라를 공격할 준비를 하고 있다는 소식이 들렸다. 연나라 왕은 '소대'라는 지혜로운 신하를 조나라로 보냈고, 소대는 조나라 왕을 만나 준비했던 이야기를 꺼냈다.

"대왕이시여, 제가 오는 길에 아주 재미있는 광경을 보았습니다. 강가에서 황새가 조개 속으로 부리를 집어넣어 조갯살을 먹으려 하자 조개가 입을 오므려 황새의 주둥이를 꽉 깨물고 있었습니다. 이렇게 조개와 황새가 양보하지 않고 기 싸움을 벌이는 사이 지나가던 어부가 둘 다 사로잡았습니다. 어부는 횡재한 것이지요."

조나라 왕은 소대가 이야기한 의미를 바로 깨닫고 연나라에 대한 공격 준비를 중단했다. 조나라가 연나라와 치열하게 싸우다가 지치면 제나라가 힘들이지 않고 두 나라를 삼킬 수 있다는 것을 알게 된 것이다. 여기서 유래한 고사성어가 '**어부지리**'로, 두 사람이 쓸데없이 싸움을 벌이다가 엉뚱하게 제삼자가 이익을 얻는 상황을 말한다.

---

# 화우지계와
# 충신불사이군

꼬리에 불이 붙은 소는 거칠게
연나라 군사를 공격했다.

연나라 소양왕이 악의에게 제나라를 공격할 방법을 물었을 때, 제나라는 하필 전성기를 누리고 있었다. 당시 제나라 왕은 무척 교만하여 이웃 나라를 지속해서 괴롭혔으며, 연합국을 형성해 함께 치른 전투에서 승리해도 그 결과물을 혼자 독차지해 다른 나라의 분노를 유발했다. 악의는 이런 상황을 이용해 제나라에 분노하는 다른 나라와 힘을 합친다면 지금 연나라의 힘으로도 충분히 제나라를 이길 수 있다고 생각했다. 악의는 기원전 284년, 5개국 연합군을 결성하여 교만한 제나라를 공격했다. 연합군의 대승이었다. 제나라 수도는 함락되었으며, 악의는 6개월 만에 제나라의 성을 무려 70여 개나 공략하는 데 성공했다. 연나라 최고의 전성기였다. 소양왕은 저절로 어깨춤이 나왔다.

　영토 대부분을 빼앗긴 제나라는 마지막 남은 두 개의 성에서 힘들게 버티고 있었다. 악의가 총공격을 퍼부었으나 제나라 명장 '전단'의 혼신을 다한 방어로 무려 3년 동안이나 제나라의 공격을 버텼다. 그러던 사이 악의를 등용했던 연나라 소양왕이 죽고 '혜왕'이 등극했다. 경험이 적은 왕이 늘 그러하듯이 혜왕은 악의가 긴 시간 동안 단 두 개뿐인 제나라 성을 공략하지 못하는 것을 이해하지 못했다. 이런 사실을 파악한 제나라 장수 전단은 악의와 혜왕의 불신 관계를 이용하고자 헛소문을 퍼뜨렸다. 악의가 사실 왕이 되려고 하고 있으며 지금은 시간을 끌고 있는 것이라는 내용이었다. 소문에 놀란 혜왕은 악의를 새로운 장군 '기겁'으로 바꾸었다. 참으로 기겁할 만한 결정이었다.

헛소문 작전이 성공하자 제나라 전단은 이제 기회가 왔다고 생각했다. 전단은 제나라 병사와 백성의 사기가 저하되고 있으며 곧 항복할 것이라는 소문을 계속해서 연나라로 흘려보냈다. 이에 새로운 장군 기겁은 오자마자 승전보를 올릴 수 있을 것이라는 생각에 들떴고, 연나라의 군기는 해이해져 경계심이 점점 풀어지고 있었다. 모든 것이 전단의 작전대로였다. 전단은 성안에 있는 소 천 마리를 모아 옷을 만들어 입힌 후 여러 가지 색깔로 용 무늬를 그려 넣었다. 소뿔에는 칼과 창을 묶고, 꼬리에는 기름칠을 한 갈대를 묶어 놓았다. 그리고 소들과 함께할 최정예 병사 5천 명을 선발했다. 전단은 기습 작전을 준비하고 있었다.

기원전 279년 어느 깊은 밤, 전단이 신호를 보내자 소꼬리에 불이 붙기 시작했다. 꼬리가 뜨거워진 소들은 미친 듯이 연나라 막사로 돌진했다. 연나라 병사가 보기에는 불을 내뿜는 용이 달려드는 것만 같았다. 당황한 연나라 병사들은 그저 피하고 도망치는 데 급급했다. 그때 제나라 5천 병사들이 그들에게 달려들었다. 연나라 병사 대부분이 이 기습 공격으로 사망했으며, 그중에는 경계를 게을리했던 기겁 장군도 포함되어 있었다.

연나라 왕은 기겁 장군의 패배 이후 악의 장군의 현명함을 깨달았다. 하지만 후회해도 아무런 소용이 없었다. 이미 악의는 신변의 위협을 느끼고 조나라로 망명한 이후였기 때문이다. 연나라 왕은 자기 잘못을 사죄하면서 그래도 나라를 버리고 달아나면 어떡하냐는 편지를 악의에게 보냈으나 그의 마음을 돌리지는 못했다. 그때 악의가 연나라 왕에게 보낸 답장에는 아주 멋진 말이 쓰여 있었다.

군자는 친구와 교제가 끊어지더라도 그 친구의 단점을 말하지 않고, 충신은 나라를 떠나더라도 자기 이익을 위해 옛 군주의 허물을 말하지 않습니다.

악의는 조나라에서 활약하면서도 연나라에 해를 끼칠 만한 군사 행동은 일절 하지 않았다. 그것은 자신을 믿고 등용해 준 소양왕에 대한 신뢰를 지키기 위한 것이었다.

하지만 제나라 군사들의 공격은 멈추지 않았다. 전단이 이끄는 제나라 군대는 계속 밀고 들어가 연나라 군대를 무찔렀다. 그리고 빼앗겼던 70여 개의 성을 5년 만에 모두 되찾는 쾌거를 이룬다. 멸망 일보 직전까지 갔던 제나라는 기습 공격 한 번으로 일단 나라를 지킬 수 있게 되었다. 하지만 그전에 너무 크게 국력을 소비하였기에 다시는 강대국으로 힘을 키우지 못했다. 전단이 구사했던 소의 꼬리에 불을 붙여 날뛰는 소를 이용한 전법은 **화우지계**라 불린다.

・화우지계   火불 화 牛소 우 之~의 지 計계략 계

## ★ 고사성어 하나 더

**충신불사이군 忠**충성 충 **臣**신하 신 **不**아니 불 **仕**섬길 사 **二**두 이 **君**임금 군

제나라를 침공하던 연나라 악의는 '왕촉'이라는 선비가 매우 뛰어나다는 소문을 듣고, 병사들에게 그의 집 주변을 공격하지 못하게 하였다. 악의는 어떻게든 왕촉을 연나라로 끌어들이고 싶었다. 악의는 왕촉에게 연나라로 귀순해 장수가 되면 엄청난 부를 주겠다고 설득했으나 왕촉은 단번에 거절했다. 악의는 약간의 협박을 했다.

"당신이 귀순하지 않으면 고향 이웃들을 모두 죽이겠소."

왕촉은 곰곰이 생각하고 말했다.

"충신은 두 임금을 섬기지 않는다고 하오. 제나라 왕이 내 조언을 듣지 않아 관직에서 물러나 농사를 짓고 산 지 여러 해가 지났소. 왕도 이미 죽었고, 이 나라도 곧 없어질 터인데 의리 없이 사는 것보다는 죽는 것이 낫겠소."

왕촉은 스스로 나무에 목을 매 죽었다. 그가 죽으면서 남긴 **'충신불사이군'**은 중국에서 오래전부터 전해 내려오던 속담이 고사성어가 된 것으로, 한국을 비롯한 한자 문화권에서 충신의 상징으로 사용된 말이다.

# 완벽하다는 말의 유래와 화씨의 옥

모습을 드러낸 화씨의 옥

전통적인 강대국 제나라와 진나라가 세력 다툼을 벌이는 동안 조나라는 북방 이민족에게 말을 타고, 활을 쏘는 기술을 익혔다. 더불어 군사 제도를 개혁하니 군사력이 점점 강해졌다. 연나라와의 전투 이후 제나라의 힘이 약해지자 이제 진나라의 라이벌은 조나라가 되었다. 조나라가 이렇게까지 강해진 이유는 '인상여'라는 노련한 신하와 '염파'라는 명장군이 있었기 때문이다.

　과거로 시간을 돌려 춘추 시대 초나라에서 있었던 일이다. '화씨'라 불리던 농부가 우연히 산에서 옥돌을 주웠다. 매우 귀중한 것으로 생각한 그는 옥돌을 왕에게 바쳤다. 왕은 옥 전문가에게 이를 살펴보라고 했는데, 전문가는 그냥 볼품없는 돌이라고 했다. 화가 난 왕은 화씨의 왼쪽 다리를 잘라 버렸다. 억울한 화씨는 왕이 바뀌자 새로운 왕에게 옥돌을 다시 바쳤다. 하지만 마찬가지로 평범한 돌덩이 취급을 받았고, 화씨는 오른쪽 다리마저 잘렸다. 너무도 슬프고 억울한 화씨는 옥돌을 주웠던 산에서 오열했다. 그의 억울함은 세 번째 왕에 의해 풀렸다. 세 번째 왕은 옥 전문가에게 옥돌을 다듬어 보라고 했다. 그랬더니 그 안에서 천하에 둘도 없는 아름다운 보물이 나타나는 것 아닌가! 왕은 화씨에게 엄청난 상을 내리고, 옥의 이름은 농부의 이름을 따서 '화씨의 옥'이라 붙였다. 한자 성어로는 **화씨지벽**이다.

그런데 화씨의 옥이 어떤 기회로 조나라 왕에게 왔고, 그 소문은 멀리멀리 퍼져 나갔다. 화씨의 옥을 너무나 갖고 싶었던 진나라 왕은 조나라에 편지를 보내 진나라 성 15개와 바꾸자고 제안했다. 조나라가 보기에 진나라의 제안은 아무리 봐도 속임수였다. 강한 진나라가 화씨의 옥만 빼앗고 성을 주지 않을 가능성이 컸다. 하지만 그렇다고 강대국의 제안을 무턱대고 거절하면 그것을 구실로 진나라가 조나라를 침략할 수도 있었다. 왕과 많은 신하가 대책을 생각하며 전전긍긍하고 있을 때 인상여가 나섰다.

"제가 화씨의 옥을 진나라에 가지고 가겠습니다. 걱정하지 마십시오. 진나라가 성을 주지 않으면 반드시 옥구슬을 조나라로 온전히 가지고 오겠습니다."

인상여가 진나라에 도착해 화씨의 옥을 진나라 왕에게 올리니 왕은 매우 기뻐했다. 하지만 풍기는 분위기를 봐서는 도저히 15개나 되는 성을 줄 것 같지 않았다. 분위기를 파악한 인상여는 앞으로 나아가 왕에게 말했다.

"대왕이시여, 사실 그 화씨의 옥에는 약간의 흠이 있습니다. 잘못 만지면 흠집이 더 커질까 두렵사오니 제가 흠을 찾아

고사성어 **· 화씨지벽**    和화할 화 氏성씨 씨 之~의 지 璧구슬 벽

306

보여드리겠습니다."

왕이 의심하지 않고 옥구슬을 인상여에게 넘기자 그는 빠른 몸놀림으로 내려와 궁궐 기둥에 등을 대고 섰다. 그리고 당황한 진나라 왕과 대신들 앞에서 화를 내며 말했다.

더이상 접근하면 이 보물과 나의 머리는 벽에 부딪혀 산산조각이 날 것이다

화씨의 옥을 들고 진나라 왕을 협박하고 있는 인상여

"대왕께선 분명히 화씨의 옥과 성 15개를 바꾸자고 하셨습니다. 그런데 방금 저는 진나라가 성을 내어 줄 생각이 전혀 없음을 깨달았습니다. 그래서 이 옥구슬을 제가 다시 가져온 것이지요. 만약 저를 협박하여 이것을 빼앗으시려 한다면 신의 머리와 화씨의 옥은 동시에 기둥에 부딪혀 부서질 것입니다."

흥분한 인상여가 옥구슬을 진짜로 기둥에 깨뜨릴 것 같은 분위기를 풍기자, 진나라 왕은 일단 인상여를 진정시키려고 신하를 불러 '여기부터 여기까지 15개의 성을 조나라에 주라'라고 건성건성 명령하였다. 누가 봐도 거짓말인 명령이었다. 인상여는 작전을 바꾸기로 했다.

"화씨의 옥은 천하의 보물입니다. 우리 조나라 왕께서도 저를 통해 보물을 보내시기 전에 5일 동안 목욕재계하셨습니다.

그러니 대왕께서도 마땅히 똑같이 하신 후 성대한 행사를 통해 이 보물을 받아가십시오."

기세등등한 인상여의 지시에 진나라 왕은 알겠다고 하고, 인상여가 5일 동안 머무를 수 있는 숙소를 주었다. 인상여는 숙소에 머무르는 첫날 수행원을 거지로 변장시키고 화씨의 옥을 갖고 바로 조나라로 돌아가라고 지시했다. 진나라 왕이 이 사실을 알게 되면 분노하여 인상여를 죽일 수도 있는 상황이었다.

약속한 5일이 지나고, 인상여는 5일간의 목욕으로 깨끗해진 진나라 왕 앞에서 섰다. 그리고 일이 더 커지기 전에 사실대로 말했다.

"진나라는 강하기 때문에 그동안 다른 나라와의 약속을 잘 지키지 않았습니다. 저는 대왕께 속아 화씨의 옥만 빼앗기고 아무것도 얻어 가지 못할까 너무 두려웠습니다. 그래서 이미 사람을 시켜 보물을 조나라로 보냈습니다. 만약 진실로 진나라가 약속을 지킬 마음이라면 진나라가 먼저 15개의 성을 저희에게 주시기 바랍니다. 그러면 저희가 어찌 화씨의 옥을 바치지 않겠습니까? 물론 저는 대왕을 속인 죄로 지금 죽임당해야 하는 것을 알고 있습니다."

진나라 왕과 신하들은 5일 전처럼 또 당황했다. 일부 과격한 신하들은 인상여를 죽이고자 그를 끌어내리고 있었다.

그때 진나라 왕이 입을 열었다.

"그만두거라. 지금 인상여를 죽이면 끝내 보물을 얻지 못할 뿐 아니라 조나라와의 우호 관계도 영원히 끊어질 것이다. 그를 후하게 대접하여 다시 조나라로 돌려보내라."

화씨의 옥을 무사히 조나라로 돌려보내고, 자신 또한 무사히 돌아온 인상여는 공로를 인정받아 상대부라는 높은 벼슬에 올랐다. 이렇게 인상여가 화씨의 벽을 무사히 조나라에 가지고 온 이야기에서 **완벽귀조**라는 사자성어가 탄생했다. 물건을 완전한 상태로 원래 주인에게 돌려주는 것을 의미하며, 우리가 자주 사용하는 '완벽'하다는 말도 여기서 유래한 것이다.

고사성어 •완벽귀조 **完**완전할 완 **璧**옥 벽 **歸**돌아갈 귀 **趙**조나라 조

# 인상여와
# 민지 회담

인상여는 진나라 왕에게
노래와 부를 청했다.

화씨의 옥 사건으로 망신당한 진나라는 조나라의 기를 꺾어 놓고자 군사를 이끌고 조나라 여기저기를 공격했고, 기원전 279년 '민지'라는 지역에서 정상 회담을 하자고 제안했다. 의도가 불순해 보이는 진나라의 제안에 조나라 왕은 썩 가고 싶지 않았지만, 정상 회담을 거부하는 것은 비겁해 보일 수 있는 문제였다. 이에 인상여가 조나라 왕을 수행하여 같이 가기로 했다.

　이윽고 회담이 열리고 술자리의 분위기가 무르익어 갈 무렵 진나라 왕이 불쑥 말했다.

　"조나라 대왕께서 음악을 좋아하시어 비파를 그렇게 잘 탄다고 들었소. 한 곡조 들려주시겠소?"

　갑작스럽게 상대국 왕에게 악기를 연주하라는 무례한 요구였다. 하지만 상대적으로 힘이 약했던 조나라 왕은 어쩔 수 없이 비파를 연주해야 했다. 연주를 다 들은 진나라 왕은 회담 내용을 적는 기록관에게 '모월 모일, 조나라 왕이 진나라 왕의 명을 받들어 비파를 탔다'라고 적을 것을 지시했다.

　진나라 왕의 무례함에 크게 화가 난 인상여는 진나라 왕에게 다가가 비슷한 제안을 했다.

　"신이 듣기로는 대왕의 노래와 부 다루는 솜씨가 천하일품이라 하던데 한번 보여 주시지요."

부는 물이 담긴 항아리를 북처럼 두드리는 타악기이다. 진나라 왕이 왕 체면에 그런 짓은 못 한다며 거절하려 하자 인상여는 순식간에 진나라 왕에게 가까이 접근하여 칼을 빼 들고 나지막이 속삭였다.

"지금 대왕과 저와의 거리가 불과 다섯 걸음입니다. 이 자리에서 제 목을 찌른다면 대왕의 얼굴도 피로 적셔질 것입니다."

말로는 스스로를 찌르겠다고 했지만, 시키는 대로 안 하면 너도 죽이고 나도 죽겠다는 협박이었다. 살기등등한 인상여의 모습에 그곳에 있는 모든 병사가 움직일 수 없었다. 진나라 왕은 어쩔 수 없이 부를 몇 번 두들기면서 노래를 불러야 했다. 인상여는 기록관을 불러 '모월 모일, 널리 진나라 왕이 조나라 왕을 위해 부를 치고 노래를 불렀다'라고 적으라고 지시했다. 회담 장소에서 조나라의 기세를 꺾으려던 진나라의 계획은 인상여의 대담한 대응으로 완전히 실패했고, 인상여의 명성은 천하에 널리 퍼져 나갔다.

# 인상여와 염파의 문경지교

염파 장군과 인상여의 문경지교

인상여의 영웅적인 활약에 힘입어 진나라와의 회담을 성공적으로 마친 조나라 왕은 귀국하여 인상여의 벼슬을 한 단계 더 높여 주었다. 그러다 보니 조나라 대장군 '염파'보다 지위가 더 높아졌다. 이 사실을 안 염파는 기분이 좋지 않았다. 자신은 목숨을 걸고 전투를 벌여 큰 공을 세웠는데, 인상여는 말솜씨 하나만으로 과도하게 인정받았다고 생각했다. 언젠가 인상여를 만나면 화끈하게 망신을 줘야겠다고 생각하는 염파였다.

그런데 인상여와 염파의 만남은 이루어지지 않았다. 인상여가 의도적으로 염파를 피했기 때문이다. 길을 가다가도 멀리서 염파가 보이면 샛길로 숨어 마주치지 않도록 했다. 이 사실을 안 염파는 기세등등했고, 염파의 신하들이 인상여의 신하들을 무시하는 일이 생겼다. 인상여의 신하들은 계급도 더 높은 자신들의 상전이 왜 그렇게 비굴하게 피하는지 이해가 되지 않았다. 그러자 인상여가 그들을 불러 놓고 말했다.

"자네들은 염파 장군과 진나라 왕 중 누가 무섭다고 생각하는가?"

"당연히 진나라 왕이 더 무섭지요."

잠시 뜸을 들이고 인상여가 말했다.

"나는 너희들이 무서워하는 진나라 왕의 얼굴 앞에서 그에게 모욕을 주었다. 그런데 내가 어찌 염파 장군을 두려워하겠는가? 하지만 진나라가 우리 조나라를 함부로 대하지 못하는 것은 나 인상여와 염파 장군이 동시에 존재하기 때문이다. 만약 우리 둘이 사소한 일로 싸운다면 조나라가 위태해질 것이고 진나라에게만 유리할 것이다."

이와 같은 인상여의 생각을 전해 들은 염파는 크게 뉘우치고, 웃통을 벗고 가시 회초리를 짊어진 채 인상여를 찾아가 엎드려 사죄하며 빌었다. 여기서 유래한 사자성어가 **부형청죄**이다. 남에게 자기 잘못을 크게 인정하고 처벌해 줄 것을 스스로 자청한다는 의미이다. 갑작스러운 염파의 방문에 당황한 인상여는 염파를 일으켜 달랜 후 크게 환대하였다. 이렇게 의기투합한 염파와 인상여는 이 사건을 계기로 의형제를 맺었으며, 목이 잘리는 일이 있더라도 후회하지 않을 벗이 되었다. 목이 잘리는, 즉 생사를 같이할 수 있는 소중한 벗을 뜻하는 **문경지교**라는 사자성어 역시 염파와 인상여의 이야기에서 유래했다.

**고사성어**  · **부형청죄**   **負**질 부 **荊**가시나무 형 **請**청할 청 **罪**허물 죄
　　　　　　· **문경지교**   **刎**목 벨 문 **頸**목 경 **之**~의 지 **交**사귈 교

# 40만 명 대학살, 장평 대전

진나라의 장수 백기는 40만
명이나 되는 포로를 땅에 묻었다.

기원전 262년, 진나라는 여전히 조나라를 공격하고 있었다. 염파가 이끄는 조나라 군대는 진나라 군대에 맞서 병력에 손실을 많이 입은 상태였다. 따라서 염파는 정면승부로는 진나라를 물리치기가 어렵다고 판단하고 '장평'이라는 지역에 강력한 방어진을 건설하고, 버티기에 들어갔다. 진나라군의 치열한 공격을 염파의 방어진이 잘 막아 내자 시간이 지날수록 오히려 공격하는 진나라가 불리해졌다. 조나라는 원활하게 병력과 식량을 보급받을 수 있었지만, 본국에서 멀리 떨어진 곳에서 전쟁을 치르는 진나라는 보급선이 길게 늘어져 있어 보급받는 데 시간이 걸릴 뿐 아니라 보급선이 공격받을 수도 있었기 때문이다. 백전노장 염파의 버티기 작전은 점점 성공 쪽으로 기울고 있었다. 이러한 상황이 3년 동안 계속되니 진나라도 다른 방법을 사용해야 했다. 그것은 헛소문을 퍼뜨려 염파를 대장군 자리에서 밀려나게 하는 것이었다.

　염파가 나이 들어 전투를 겁내고 있으며, 진나라에서 가장 무서워하는 장군은 조사의 아들 조괄이라는 유언비어가 조나라에 돌기 시작했다. 조사는 염파, 인상여와 함께 조나라를 이끌었던 명장 중의 명장이었는데, 진나라는 경험이 부족해 전투 상황을 제대로 읽을 줄 모르는 신출내기 조괄이 장수가 되기를 원했던 것이다. 전투 상황이 길어지는 것을 좋아할 왕은 없을 것이다. 하지만 현명한 왕이라면 전투가 장기간 이어질 수밖에 없는 이유를 알고 있어야 한다. 조나라 왕은 현명하지 못했다. 유언비어를 믿고 장수를 염파에서 조괄로 바꾸려 한 것이다. 병석에 있는 인상여가 왕을 말렸다.

"조괄이 똑똑하다고는 해도 경험이 부족합니다. 조괄은 단지 아버지 조사가 남긴 글을 읽었을 뿐이고 현실에 맞추어 응용할 줄을 모릅니다. 염파 장군을 그대로 두셔야 합니다. 지금 진나라의 군대는 아군의 두 배가 넘습니다. 잘 지키는 게 이기는 것입니다."

조괄은 어릴 때부터 아버지로부터 병법을 배웠다. 하지만 조기 교육은 그를 너무 자만하게 했다. 아버지 조사는 걱정했다. 아들이 전투를 너무 쉽게 생각하니 그 때문에 조나라가 큰 피해를 볼 것이 분명했다. 조괄의 어머니 역시 그 사실을 알고 있었다. 그래서 조괄이 장수로 임명될 가능성이 크다는 소문을 듣고 왕에게 상소를 올렸다.

제 아들은 아버지와 다르옵니다. 제 아들은 주변 사람에게 마음 쓰는 것이 부족하고 욕심이 많습니다. 또 책을 보고 공부만 했지 현실을 전혀 모릅니다. 그래서 제 남편은 아들에게 나라의 작은 직책 하나 맡긴 적이 없습니다. 부디 제 아들이 이 나라를 해치는 일을 하지 않도록 장수로 임명을

부모가 이렇게 반대할 정도면 그 이유를 좀 더 살펴보아야
했건만, 조나라 왕은 반대를 무릅쓰고 조괄을 총사령관으로 임
명했다. 뛰어난 젊은 인재라는 뜬소문에 완전히 속아 넘어간 것
이다. 조나라 왕의 전쟁 상황 판단도 미숙하긴 마찬가지였다. 오
랜 전쟁으로 진나라 군대가 많이 쇠약해졌기 때문에 쉽게 이길
수 있을 것으로 생각했다. 그런데 조나라를 경험 부족 장군으로
바꾸게 했던 진나라는 오히려 자신들의 장수를 진나라 최고 명
장인 '백기'로 교체한 상태였다. 이렇게 조나라에 검은 구름이
드리우고 있었다.

진나라 장군 백기는 전투 무대인 장평의 지형을 꼼꼼히 분
석하고, 조나라 군사들이 빠져나가지 못하도록 각종 포위망을
준비했다. 이 사실을 모르는 조괄은 새로 부여받은 25만 군사와
이미 장평에 있던 20만 군사를 모두 합쳐 신나게 진나라 진영으
로 쳐들어갔다. 진나라군은 약한 모습을 보이고 후퇴하면서 함
정을 파놓은 곳으로 조나라군을 유인했다. 아직 자신이 싸우고
있는 상대가 진나라 명장 백기임을 모르는 병아리 장군 조괄은
자신감에 가득 차 후퇴하는 진나라군을 더 깊숙이 추격하기 시

작했다.

결국 백기가 준비한 포위망 한복판까지 조괄이 이끄는 조나라 대군이 도착하자 진나라군의 엄청난 반격이 시작되었다. 지형지물을 이용한 진나라군의 공격에 조나라군은 속수무책으로 쓰러져 갔다. 진나라군은 조나라군을 포위하고 보급로를 차단했다. 장평에 갇힌 조나라군은 포위된 지 40여 일 만에 먹을게 고갈되었고, 무리해서 포위를 뚫으려 했던 조괄은 진나라의 화살에 맞아 죽고 말았다. 지휘관이 죽자 조나라군은 항복했고 무려 40만 명이 포로가 되었다. 여기서 진나라의 백기는 아주 참혹한 결정을 내렸다. 포로 대부분을 죽인 것이다. 살아서 돌아온 포로는 나이가 어린 병사 240명에 불과했다고 전해진다. 경험이 미숙했던 조나라의 장수와 왕이 만든 끔찍한 결과였다.

장평 대전 이후 진나라 장수 백기는 정치적인 모함을 받아 왕에게 자결을 명령받았다. 백기는 왕이 내린 칼을 받아들고 이렇게 말했다고 한다.

"죽어 마땅하다. 나는 장평 대전에서 조나라 병사를 40만 명이나 죽여 구덩이에 묻었다. 이제 그 죗값을 받는구나."

나라를 위한 판단이었지만, 그 역시 양심의 가책으로 고통받고 있었다. 전국 시대 뛰어난 장수였던 백기는 세계사에서 전쟁 포로 학살의 대명사로 악명을 남기게 되었다.

# 전국 사군자
# 평원군과 신릉군
# 이야기

# 평원군과
# 모수자천

모수자천하여 낭중지추의
진가를 보여 준 모수

장평 대전 1년 후, 진나라는 다시 조나라를 침략해 수도 한단을 포위했다. 절체절명의 위기를 맞은 조나라는 이웃 국가에 도움을 요청했다. 사실 40만 명이나 되는 병사를 잃은 지 얼마 되지 않은 조나라로서는 더 이상 버틸 힘이 남아 있지 않았다. 조나라와 붙어 있는 위나라는 자신들도 위험해질 수 있으니 빠르게 원군을 보내 주기로 하였으나 문제는 멀리 떨어져 있는 초나라였다. 강력한 초나라의 원군이 필요한 상황이었는데도 그들은 서두르지 않았다. 상황을 좀 더 지켜볼 생각이었다.

　전국 사군자 중 한 명으로 명성이 자자했던 조나라 '평원군'은 직접 찾아가 초나라의 원군을 끌어내기로 했다. 그는 자신을 따르는 식객 수천 명 중에서 뛰어난 자만 스무 명 정도 뽑아 출발하려 했으나 나중에 보니 19명밖에 되지 않았다. 그때 식객 한 명이 자신도 가고 싶다고 손을 들었다. 그의 이름은 '모수'였다. 평원군은 낯선 얼굴의 모수에게 말했다.

　"뛰어난 사람은 송곳과 같아서 주머니에 들어가면 반드시 뚫고 나오는 법이지요. 그런데 선생은 저의 식객으로 3년이나 계셨는데 아직 선생의 재능을 본 적이 없고, 주변 사람이 선생의 재능을 칭찬하는 것도 들은 바가 없습니다. 죄송합니다만 안되겠습니다."

주머니에 있는 송곳이라는 평원군의 비유에서 유명한 **낭중지추**라는 고사성어가 탄생했다. 뛰어난 사람은 아무리 많은 사람 속에 섞여 있어도 두각을 나타낸다는 의미이다. 미리 선발된 19명의 식객은 모두 모수를 비웃고 있었다. 하지만 모수는 보란 듯이 평원군의 낭중지추 공격을 멋지게 반박했다.

"저는 아직 선생님의 주머니에 들어가 본 적이 없습니다. 오늘 처음 들어가기를 요청하는 것이지요. 만약 제가 선생님의 주머니에 들어 있었다면 지금쯤 송곳 끝부분이 아니라 송곳 자루까지 드러났을 것입니다."

멋진 대답이었다. 평원군은 모수의 재치 있는 즉석 대답을 높게 평가하고 함께 초나라로 향했다. 이렇게 스스로를 추천한 모수의 이야기에서 유래한 사자성어가 **모수자천**이다. 원래는 어려운 일을 스스로 맡고 나선다는 의미지만, 문맥에 따라 부끄러움 없이 그저 자신을 내세우는 사람을 가리키는 말로도 사용한다.

일행과 함께 초나라에 도착한 평원군은 초나라 왕과 회담을 시작했다. 조나라를 위한 초나라의 지원군을 끌어내기 위해서였다. 하지만 결론은 쉽게 나지 않았다. 초나라가 계속 자국의

---

고사성어 ・**낭중지추** 囊주머니 낭 中가운데 중 之~의 지 錐송곳 추
　　　　・**모수자천** 毛遂모수 自스스로 자 薦천거할 천

이해득실을 살피느라 주저했기 때문이다. 이때 갑자기 모수가 끼어들었다.

"이야기를 질질 끄시네. 동맹이라는 건 두 마디 말로 충분한 거 아닙니까?"

초나라 왕이 흥분하여 모수에게 소리쳤다.

"과인이 지금 너의 주인과 이야기를 하고 있는데 넌 누군데 이리도 무례하게 구느냐? 네가 죽고 싶은 것이냐!"

모수는 자신의 칼을 어루만지며 초나라 왕에게 다가가 위협하듯 말했다.

"대왕께서 지금 저를 꾸짖는 것은 주변에 초나라 병사들이 많기 때문입니다. 하지만 지금 열 걸음 안에는 아무도 없지요. 지금 대왕의 목숨은 저의 손에 달려 있습니다. 과거의 초나라는 천하를 노렸지요. 지금 초나라의 강함도 잘 이용한다면 당해 낼 나라가 없을 것입니다. 그러나 진나라와의 전쟁에서 매번 패배하고, 진나라의 장수 백기는 초나라 수도를 함락시키겠다고 매일 다짐을 하고 있다지요. 지금 초나라는 도대체 무슨 이해득실을 따지고 있는 겁니까?"

잠시 시간이 흘렀다. 초나라 왕의 생각이 많아진 것 같았다. 그리고 답변이 나왔다.

"선생 말이 맞소. 초나라는 진나라의 기세를 누르기 위해 지원군을 파견하겠소."

약속을 맹세하기 위해 초나라 왕과 평원군 그리고 모수는 동물의 피를 나누어 마시는 의식을 치렀다. 모수는 아무것도 하지 않고 앉아만 있는 다른 19명의 식객에게도 같이 의식을 치르자며 이렇게 말했다.

"여러분들은 스스로 일하지 않고 다른 사람의 힘에 의지하여 일을 성취하는 사람들이구려."

모수의 이 말에서 **인인성사**라는 고사성어가 유래했는데, 하는 일 없이 빌붙어서 그저 공로만 누리는 것을 의미한다. 모수에게 큰 도움을 얻은 평원군은 사람을 쉽게 평가하지 않기로 다짐했고 모수를 극진히 대우했다. 평원군이 조나라에 돌아오자 초나라에서는 전국 사군자 중 하나인 춘신군을 장수로 하는 구원병을 조나라로 보내 주었다.

고사성어　· 인인성사　因원인 인　人사람 인　成이룰 성　事일 사

# 신릉군의 반역

전국 사군자 신릉군은
진나라로부터 조나라를 구하기
위해 위나라 왕의 서류를
몰래 빼내 군사 지휘권을
탈취하려 한다.

신릉군은 전국 사군자 중 한 사람으로, 위나라 왕의 이복동생이었으며 평원군의 처남이기도 했다. 그의 사람됨을 알 수 있는 다소 엉뚱한 일화를 만나 보자. 어느 날 신릉군이 식사를 하고 있는데 비둘기 한 마리가 그의 밥상 위로 내려앉았다. 알고 보니 그 비둘기는 매에 쫓기고 있었던 것. 상황을 파악한 신릉군은 비둘기를 숨겨 주었다가 매가 멀리 날아간 것을 보고 놓아 주었다. 그런데 그것은 매의 속임수였다. 매는 멀리 날아간 척하면서 다시 돌아와 신릉군 집 지붕 뒤에 숨어 있었으며, 풀려난 비둘기를 바로 잡아채 갔다. 그 모습을 본 신릉군은 탄식했다.

　'그 비둘기는 매를 피하고자 나에게 왔는데 지켜 주지 못했구나.'

　신릉군은 비둘기의 복수를 해 주려고 신하를 시켜 주변 매들을 잡아 오게 하니, 그 수가 백여 마리에 이르렀다. 매를 잡았던 신하들의 사냥술도 만만치 않은 듯하다. 신릉군은 잡혀 온 매들에게 말을 걸었다.

　"비둘기를 잡아먹지 않는 매들은 나를 보고 울어라. 그럼 놓아줄 것이다."

　도대체 이게 무슨 짓인가 싶지만, 놀랍게도 한 마리만 빼고 매들이 슬피 우는 것 아닌가! 신릉군은 나머지 새들을 풀어 주

이번 이야기의 주인공인 전국 사군자 신릉군과 평원군

고 비둘기를 공격했던 매를 잡아 죽임으로써 비둘기의 원한을 갚아 주었다. 이 이야기가 퍼져 나가자 사람들은 '비둘기마저 보호하고 복수해 주는' 신릉군의 덕에 깊은 감명을 받았고, 수많은 식객이 찾아왔다고 한다.

한편 조나라의 평원군은 모수의 도움으로 초나라의 지원군을 얻은 후에도 계속해서 다른 나라의 지원을 찾아 나섰다. 그런데 바로 옆에 있는 위나라의 태도가 조금 이상했다. 위나라 입장에서는 바로 옆 나라가 진나라에 공격받고 있으니 자국의 안전을 위해서라도 빠르게 구원병을 보내야 했고, 또 그러기로 했다. 그런데 알고 보니 위나라는 진나라로부터 협박을 받고 있었다. 진나라 왕은 위나라에 사신을 보내 진나라가 조나라를 함락하는 것은 시간문제이며, 조나라를 도와주는 나라가 진나라의 다음 공격 대상이 될 것이라는 내용이었다. 위나라 왕은 고민 끝에 겉으로만 조나라를 구원하는 척하며 상황의 변화를 주시하고 있었다.

'어차피 조나라가 멸망하면 다음 목표는 위나라가 될 터인데……'

조나라 평원군은 상황을 제대로 파악하지 못하는 위나라가 답답했다. 마음이 급한 평원군은 위나라 '신릉군'에게 편지를 보내어 따졌다.

> 제가 스스로 신릉군의 누이와 혼인한 것은 선생의 높은 의리가 다른 사람의 어려움을 중요하게 생각할 것이라고 느꼈기 때문입니다. 조나라의 수도 한단이 이제 곧 함락되어 진나라가 우릴 멸망시킬 상황인데 위나라 구원병들이 진나라의 눈치만 보고 있으니 조나라로 시집온 신릉군의 누이가 불쌍하지도 않습니까?

신릉군은 위나라 왕을 찾아가 여러 번 설득하려 했으나 끝내 실패했다. 왕에게는 왕의 입장이 있는 법이었다. 방법이 없다고 생각한 신릉군은 직접 무기를 마련하고 전투에 참여하여 조나라와 함께 죽기를 결심했다. 그때 신릉군의 식객 중 하나가 그를 말리며 말했다.

"신릉군께서 과거에 '여희'라는 여인의 아버지 원수를 갚아 주신 적이 있으시지요? 지금 여희는 위나라 왕의 애첩이고요. 그녀의 도움을 받으셔야 할 것 같습니다."

과거 위나라 왕의 애첩인 여희의 아버지가 살해당했는데, 여희가 아버지의 원수를 갚아 달라고 간절히 요청했으나 왕의 무관심 속에 3년이라는 시간이 흘렀다. 그런데 마침 그 살인자가 신릉군의 사람과 시비가 붙어 신릉군에게 죽은 것이다. 옛일이라 신릉군은 사실 기억하지 못했지만, 여전히 여희는 신릉군을 일생일대의 은인으로 생각하고 있었다. 지금 신릉군의 상황에선 너무도 고마운 일이었다.

식객은 말을 이었다.

"제가 조사해 보니 '병부'가 위나라 왕의 침실에 있다고 합니다."

병부는 무엇일까? 병부는 전투 시에 명령을 전달하거나, 새로운 장수를 파견할 때 사용하는 징표로, 이것을 반으로 쪼개 절반은 왕이 보관하고 나머지 절반은 군대를 이끄는 대장에게 준다. 따라서 전쟁 시 왕이 긴급한 명령을 내릴 때 어명을 전달하는 사자에게 병부를 같이 보내며 대장은 자기 것과 사자의 것을 맞추어서 왕의 명령이 확실한지를 판단하게 된다.

"여희에게 병부를 훔쳐 오도록 부탁하면 어떨까요? 그 병부를 가지고 구원병을 이끄는 '진비' 장군을 속여 군사 지휘권

331

을 우리 것으로 만든다면 위나라 군대가 조나라 군대를 크게 도울 수 있을 것입니다."

식객의 조언대로 여희에게 부탁하여 병부를 손에 얻은 신릉군이었지만, 문제는 진비 장군이었다. 위나라 왕이 절대 조나라 국경 안으로 들어가지 말라고 철저하게 당부한 지 며칠 지나지도 않았다. 그런데 아무리 왕의 이복동생(신릉군)이라고 해도 병부만을 가지고 와서 지휘권을 넘겨 달라고 하면, 절대 넘겨주지 않을 것 같았다. 신릉군은 힘이 센 부하 하나를 데리고 가기로 했다. 어쩔 수 없는 경우에는 폭력을 쓸 수밖에 없기 때문이다.

예상대로였다. 신릉군이 진비 장군을 찾아가 병부를 들이밀며 지휘권을 요구하자 진비는 이렇게 말했다.

"제가 위나라 10만 병사를 데리고 조나라 국경에서 이렇게 주둔하고 있는 것은 훈련이 아니고 국가의 중대한 임무를 수행하고자 함입니다. 그런데 지금 공자(신릉군)께서 한 채의 수레에 타고 와서 지휘권을 교대하자고 하시니 그 의도를 의심하지 않을 수 없습니다. 제가 직접 왕에게 확인하고 명을 따르겠습니다."

신릉군은 어쩔 수 없이 진비 장군을 제거할 수밖에 없었다.

이렇게 군사 지휘권을 갖게 된 신릉군은 곧바로 위나라 군대를 점검했다. 그는 8만 군사를 엄격히 선별해 조나라 국경을 넘어 진나라 군대를 공격했다. 갑작스러운 위나라의 공격에 당황한 진나라군은 조나라 수도 한단의 포위를 풀고 후퇴할 수밖에 없었다. 여기까진 좋았지만, 신릉군은 후폭풍에 시달려야 했다. 위나라 왕이 크게 노했다. 신릉군이 여인을 시켜 침실에서 병부를 훔치고, 나라에 꼭 필요한 명장군을 죽였으며, 군사 지휘권까지 빼앗아 왕명에 반하는 전투를 일으켰기 때문이다. 전투 이후 신릉군은 감히 위나라로 돌아갈 생각을 하지 못했고 자신이 구한 조나라에서 지내야 했다.

이렇게 전국 시대의 사군으로 명성이 높았던 조나라 평원군, 위나라 신릉군, 초나라 춘신군의 활약과 초나라, 위나라의 구원군에 의해 조나라는 위기에서 벗어났다. 그러나 장평 대전의 후유증이 너무 컸는지 기원전 228년 조나라는 끝내 멸망하고 말았다.

신릉군이 조나라에서 숨어 지내던 어느 날, 진나라가 이번에는 위나라를 침략하기 시작했다. 상황이 이렇게 되자 위나라 왕은 신릉군이 돌아오길 바랐다. 모든 것을 잊었으니 돌아와서 나라를 구하라는 어명이 내려왔다. 신릉군은 애국심에 불타 귀국하여 연합국을 결성했고, 진나라 군대를 단번에 격파했다. 진나라 왕은 신릉군이 위나라 장수로 있는 동안에는 승리하기가 어렵다고 판단했다. 그래서 주특기인 헛소문을 이용하기로 했다. 진나라에서 신릉군이 왕좌를 노리고 있다는 내용의 소문이 퍼져 나왔다. 거기에 신릉군에게 살해당한 진비 장군을 추종했던 사람들의 모함이 더해졌다. 같은 말을 수없이 들으면 믿을 수밖에 없는 법인지 위나라 왕은 결국 신릉군의 병사 통솔권을 빼앗았고, 억울한 신릉군은 그 후 특별한 활동 없이 지내다가 병으로 사망했다. 당시 그의 죽음을 아쉬워하며 따라 죽은 빈객의 수가 백여 명에 이르렀다고 하니, 신릉군이 얼마나 많은 사람의 사랑을 받았는지 알 수 있다. 능력 있는 신릉군이 죽었다는 소식은 다른 나라, 특히 진나라에 희소식이었다. 진나라는 다시 본격적으로 위나라를 공격하기 시작했고, 위나라는 기원전 225년에 멸망하고 말았다.

# 진시황제의
# 전국 통일 이야기

# 한비의 죽음

뛰어난 지략가였던 한나라의
한비자는 한때 학문 동료였던
진나라의 이사에 의해
죽음을 맞았다.

약육강식의 전국 시대로 들어서면서 나라 사이에 치열한 전쟁이 200여 년 동안 계속되었다. 이로써 6개 나라들은 서서히 국력이 약화해 하나씩 멸망하게 되었다. 앞서 조나라와 위나라의 멸망을 살펴보았지만, 사실 진나라에 가장 먼저 멸망한 나라는 진나라와 국경을 맞대고 있으면서도 상대적으로 가장 약했던 한나라였다.

　그런데 당시 진나라 왕(진시황제)은 한나라 사람이 쓴 어떤 책 한 권에 무척 감동한 상태였다. 그 책의 이름은 《한비자》. 책에 의하면 군주가 나라를 다스리려면 이상적인 생각에서 벗어나 철저히 인정을 배척해야 했다. 임금과 신하, 아버지와 아들 사이에도 개인적인 인정이 개입되어서는 안 된다고 주장한 것이다. 아무리 서로 믿는 임금과 신하라도 실책이 있으면 반드시 법으로 처벌해야 하며, 법은 절대적이므로 아버지가 법을 어겼을 때는 아들이 아버지를 고발해야 한다고 했다. 또 관리를 임명할 때는 다른 것이 아닌 능력만이 기준이 되어야 한다고 주장했다. 이런 내용에 진나라 왕은 적극 동의한 모양이다. 왕은 이런 말을 남겼다고 한다.

　"과인이 이 책을 쓴 사람을 만나 보고 그와 사귈 수 있다면 죽어도 한이 없겠다."

기원전 233년, 진나라가 한나라를 공격하자 한나라는 《한비자》의 저자 '한비'를 진나라에 사신으로 보내 위기를 모면하고자 했다. 한비가 진나라에 오자 진나라 왕은 크게 기뻐했다. 일찍부터 만나고 싶던 사람을 만났으니 앞으로 한비를 측근에 두어 정치 고문으로 있게 할 예정이었다. 그런데 문제가 있었다. 당시 진나라 재상 '이사'가 한비와 어릴 적 같이 공부한 동료라는 점이었다.

　　자신보다 뛰어난 동료가 나타났을 때 어떻게 해야 하는가? 관포지교의 포숙은 자신보다 뛰어난 관중이 꿈을 펼칠 수 있도록 후원했으며, 포숙도 안정된 삶을 꾸렸다. 방연은 자신보다 뛰어났던 손빈이 세상에 나오지 못하도록 그의 다리를 자르고 얼굴엔 죄인의 표식을 남겼지만, 결국은 손빈의 뛰어난 전략에 속아 전쟁터에서 사망했다. 진나라 이사는 한비를 어떻게 대우할 것인가? 이사 역시 한비가 등용되면 자신의 지위가 위태해질까 두려웠다. 이사는 말했다.

　　"아무리 뛰어난 인재라고 해도 한비는 한나라 사람입니다. 만약 그가 진나라의 중요한 자리를 맡는다고 해도 한나라를 위하고 진나라를 위하지 않을 것입니다. 또 그를 한나라로 되돌려보내는 것도 문제입니다. 한비가 뛰어난 능력으로 진나라에 복수할 수도 있기 때문입니다. 법을 적용하여 죽여 없애는 것이 상책이라 생각합니다."

　　살벌한 동창의 의견이었다. 진나라 왕은 일단 한비를 처벌할 수 있는 법을 찾아 보라고 지시했지만, 속으로 죽이기에는 그의 재능이 너무 아깝다고 생각했다. 기회를 봐서 한비를 사면해 줄 생각이었다. 그러나 이사의 한비에 대한 질투는 무시무시했다. 왕의 명의 떨어지기도 전에 한비에게 독약을 먹여 죽인 것이다.

삼진의 멸망

이미 진나라의 속국이나 다름없었던 한나라는 한비가 죽은 지 3년 후인 기원전 230년 멸망했다. 이어서 기원전 228년 조나라가 멸망했으며, 3년 후인 기원전 225년에는 위나라가 멸망하였다. 이렇게 북쪽 진晉나라에서 분리된 한나라, 조나라, 위나라, 즉 삼진이 모두 역사 속으로 사라졌다. 만약 삼진이 나누어지지 않고 진晉나라 그대로 있었다면 서쪽 진秦나라는 절대로 천하통일을 하지 못했을 것이다.

# 여불위와
# 진시황제

여불위

자초
(진시황제의
아버지)

여불위는 왕위 계승과 전혀
관련이 없어 보이는 자초를
후원하기로 결정했다. 여불위의
선택은 옳았을까?

조금 과거로 돌아가자. 전국 시대 '여불위'라는 사람은 투자에 대한 본능적인 감각을 가진 크게 성공한 상인이었다. 어느 날 사업차 조나라 수도인 한단을 방문했던 여불위에게 일생일대의 투자처가 눈에 들어왔다. 그 대상은 물건이 아니라 '자초'라는 진나라에서 온 인질이었다. 자초는 조나라와 진나라가 맞교환한 인질로, 진나라 왕의 둘째 아들 안국군의 두 번째 아들이었다. 사실 둘째 아들의 두 번째 아들이니 왕권에 중요한 인물이 아니었다.

그런데 진나라 태자가 갑자기 사망하면서 둘째 안국군이 태자 자리를 계승하게 되었다. 자초는 태자의 아들이 된 셈이었다. 하지만 안국군에게는 진나라 본국에 스무 명이 넘는 아들들이 있었다. 외국에서 비참한 인질 생활을 하는 자초에게까지 기회가 오기란 거의 불가능한 일이었다. 하지만 여불위가 그동안 거둔 성공은 단순히 숫자 계산으로만 얻어진 것이 아니었다. 여불위의 머릿속에는 한 여인의 이름이 떠올랐다. 바로 화양부인.

화양부인은 진나라 태자 안국군의 정부인이었다. 안국군의 후계자를 정하는 데 있어 화양부인의 의견은 절대적이었다. 하지만 정작 화양부인 자신에게는 친자식이 없었다. 여불위는 바로 이 부분에 주목했다. 자초에게 투자하여 화양부인의 환심을 살 수 있다면? 여불위는 자초에게 엄청난 후원을 시작했다. 수백 금의 돈을 주어 뛰어난 가문의 사람들과 친분을 맺게 했으며, 화양부인에게 선물할 값비싼 보물을 사들였다. 여불위의 첫 번째 목표는 화양부인의 언니였다. 여불위는 화양부인 자매를 위해 준비한 예물을 바치면서 자초를 칭찬하기 시작했다.

"자초는 (잘은 모르겠지만) 어릴 때부터 뛰어났으며, 그의 지혜와 덕은 천하로 뻗어 나가 수많은 귀족 명문가들이 (얼마 전부터) 그의 명성을 알고 있습니다. 그리고 무엇보다 자초는 (저의 지시대로) 화양부인을 하늘처럼 받들고 있답니다."

여불위의 이야기는 언니를 통해 화양부인에게 전해졌다.

"지금 네가 태자의 사랑을 받고 있지만, 아직 아들이 없잖아. 지금처럼 젊고 힘이 있을 때 태자의 아들 중 한 명을 골라 후계자로 삼는 게 어떠니? 조나라에 인질로 가 있는 자초가 현명하고 명성이 높다는 이야기가 여기저기서 들리더구나. 네가 만약 자초를 후계자로 삼는다면 없는 아들이 생기는 것이고, 자초의 평생의 은인이 될 것이니 얼마나 좋겠니."

언니의 설득은 성공하여 화양부인은 자초를 후계자로 삼겠다고 결정했다.

모든 것이 계획대로 진행되어 즐거운 여불위에게 예상하지 못한 일이 발생했다. 자초가 여불위의 여인과 사랑에 빠진 것이다. 자초가 그 여인을 양보해 달라며 계속 부탁하자 여불위는 어쩔 수 없이 부탁을 들어주었다. 그런데 여불위가 자초에게

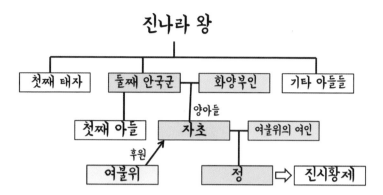

진시황제 가계도

비밀로 한 사실이 하나 있었으니 그 여인은 여불위의 아이를 임신 중이라는 것이다. 어느덧 시간이 지나 여인은 아이를 낳았고, 당연히 자기 아이라고 생각했던 자초는 '정'이라는 이름을 붙여주었다. 하늘이 여불위를 도왔는지 아이가 10달이 아닌 12달 만에 태어났기 때문에 자초는 아무런 의심 없이 자신의 아이라고 생각할 수밖에 없었다.

그로부터 6년이 지나 진나라 왕이 사망하자 마침내 안국군이 진나라 왕으로 등극했으며, 자초는 태자가 되었다. 그런데 이게 무슨 일인가. 안국군이 왕이 된 지 사흘 만에 사망했다. 이로써 자초는 갑자기 진나라 왕으로 등극했다. 타국에서 초라하게 살아가던, 왕위와는 아무런 관계가 없던 공자가 여불위의 눈에 띄어 하루아침에 진나라 왕이 된 것이다. 진나라 왕이 된 자초는 여불위에게 큰 벼슬을 내리고 엄청난 크기의 땅을 선물로 하사했다. 과연 여불위의 투자에 대한 감각은 신이 내린 것이었다.

하지만 여기서 끝이 아니었다. 자초 역시 왕위에 오른 지 3년 만에 죽고 말았다. 왕위는 자초의 아들 정이 물려받았는데, 그의 나이 겨우 13세였다. 비밀이긴 했지만, 여불위의 아들이 진나라 왕이 된 것이다. 왕의 나이가 어렸기 때문에 정치는 여불위의 여인이기도 했던 태후와 여불위가 맡아서 했다. 이제 진나라에서 여불위의 권세는 하늘을 찌를 정도로 높아졌다.

그런 여불위에게 고심거리가 하나 있었다. 태후가 여전히 여불위를 사랑하고 있다는 것이었다. 지금은 왕이 어리지만, 나이가 들수록 문제가 될 수 있었다. 그래서 여불위는 '노애'라는 이름의 남자를 환관으로 속이고 태후의 궁으로 보냈다. 이 또한 문제가 되자 여불위는 새로운 곳에 궁을 지어 아예 태후와 노애 일행을 옮겨 보기도 했다. 그러는 사이 어느덧 진왕 정은 성년이 되었다. 사실 정은 모든 것을 알고 있었다. 그는 생모에 대한 불미스러운 소문을 잠재우겠다며 노애를 잡아 극형에 처했고, 이 일과 관련이 있던 여불위도 관직에서 파면하고 먼 곳으로 귀양 보냈다. 여불위는 시간이 지날수록 자신의 권력이 약해질 것이며, 왕에게, 곧 자기 아들에게 죽게 될 것을 깨달았다. 그는 스스로 목숨을 끊었다. 이렇게 나중에 진시황제로 불리게 될 진왕 정은 홀로서기에 성공했고, 본격적인 전국 통일을 위해 나섰다. 아직은 진왕 정이 전국을 통일하기 전이지만 이제부터는 '진시황제'라고 부르도록 하자.

# 정원과
# 연못이 딸린
# 좋은 집

60만이라는 대규모 군사를
이끌고 초나라로 진격한 장수는
왕전이었다. 정원과 연못이
딸린 집을 원한 그의 속마음은
무엇이었을까?

삼진을 차례로 멸망시킨 진나라의 다음 공격 상대는 강대 국 초나라였다. 초나라와의 전쟁에서 승리하면 사실상 천하 통 일에 거의 다가간 셈이었다. 진시황제는 장군들을 모아 물었다.

"초나라를 공격하는 데 군대는 어느 정도가 적당하오?"

그동안 전쟁에서 혁혁한 공을 세운 장수 '왕전'이 답했다.

"60만 명이 아니면 어려울 것 같습니다."

그런데 몇몇 젊은 장군들이 호기롭게 대답했다.

"20만 명이면 충분하다고 생각합니다."

진시황제는 젊은 장군들에게 정벌을 맡겼다. 이들은 초반 에는 승승장구했으나 이내 초나라의 전략에 당했다.

패배 소식을 들은 진시황제는 왕전을 불러 그대 말을 듣지 않아서 패배했다고 사과한 후 60만 대군을 줄 테니 출전해 달 라고 부탁했다. 왕전은 몇 번을 사양하다가 결국 승낙하면서 진 시황제에게 소원을 하나 내걸었다. 그것은 전쟁이 끝나면 정원 과 연못이 딸린 좋은 집을 선물로 달라는 것이었다. 진시황제는 전쟁을 앞두고 장수가 사사로이 개인 욕심을 차리는 것이 썩 마 음에 들지 않았지만, 상황이 상황이니만큼 알겠다고 답했다. 왕 전은 그 후로도 기회가 될 때마다 꼭 챙겨 주셔야 한다고, 자식 놈들에게 물려줄 거라고 틈틈이 부탁했고, 진시황제는 웃으며 알았다고 했다.

전쟁을 앞둔 장군으로서 썩 좋은 모습이 아니었기에 몇몇 사람들이 지적했다. 왕전은 속으로 대답했다.

'진시황제는 난폭하고 사람을 믿지 못하는 성격이다. 그런 진시황제가 진나라가 동원할 수 있는 모든 병력인 60만 명을 나에게 맡겼다. 계속해서 개인의 안위에 대한 크고 작은 요구를 과장되게 하는 이유는 나에게 반란 의사가 없다는 것을 보여 주기 위함이다. 만약 그렇게 하지 않는다면 진시황제는 오히려 나를 의심하게 될 것이다. 더구나 내가 계획하고 있는 전투는 1년 이상 소요되는 장기전이다. 진시황제를 미리 안심시키지 않으면 중간에 교체되어 반역죄를 뒤집어쓰게 될지도 모른다.'

초나라는 진나라의 60만 대군을 맞아 온 나라의 병사들을 총동원했다. 하지만 왕전은 진지를 세운 후 굳게 지키기만 하고 싸우지 않았다. 초나라 군대가 자주 싸움을 걸었으나 진나라는 끝까지 나가 싸우지 않았다. 맥 빠진 초나라 군대는 포위를 풀고 물러나기 시작했다. 이 모든 것이 왕전의 작전이었다. 그제야 왕전은 총공격 명령을 내려 후퇴하는 초나라 군대를 추격해 단번에 격파했다. 승세를 몰아 진나라는 결국 초나라를 멸망시켰다. 기원전 223년의 일이었다. 진시황제라는 군주의 성격을 파악해 받을 수 있는 지원을 받아내면서도, 자기 작전을 끝까지 관철할 방법까지 계산해 낸 백전노장 왕전의 지혜가 돋보이는 전쟁이었다.

# 진시황제
# 암살 미수 사건

진시황제, 절체절명의 위기!

진나라가 주변 나라를 하나씩 멸망시키고 점점 연나라 쪽으로 위세를 뻗치자 연나라 왕과 신하들은 모두 두려움에 떨었다. 연나라 태자 '단'은 이런 상황을 한 번에 뒤집을 방법을 찾고 있었다. 그런 상황에서 진나라의 '번오기'라는 장수가 죄를 짓고 연나라로 도망쳐 왔다. 가뜩이나 진나라가 연나라를 노리고 있는 상황에서 상당히 부담스러웠지만, 태자 단은 그를 보호하기로 정했다. 그러자 그의 스승이 말했다.

　"진나라 왕이 지금 연나라를 노리고 있습니다. 그런데 번오기 장군마저 여기에 있다는 것이 알려지면 연나라는 더욱 위험해집니다. 빨리 번오기 장군을 이민족 땅으로 내보내셔야 합니다. 그리고 연나라 주변 나라들뿐 아니라 일부 이민족과도 연합을 맺어 놓아야 진나라를 견제하고, 나라를 보전할 수 있습니다."

　이미 다 알고 있는 교과서 같은 해결책이었다. 태자 단은 답답했다.

　"스승님의 계획은 너무 시간이 오래 걸립니다. 진나라에 대한 제 분노가 너무 커서 이렇게 머뭇거리는 시간도 아깝게 느껴집니다. 진나라의 적은 저의 친구입니다. 그래서 번오기 장군을 저는 내칠 생각이 없습니다. 뭔가 다른 대책을 알려 주십시오."

태자의 스승은 제자의 모습에서 진심을 느꼈다.

'정녕 그 방법밖에는 없는 것인가?'

스승은 태자 단에게 '전광'이라는 사람을 소개했다. 태자 단과 전광은 깊은 대화를 나누었다. 전광은 태자 단의 고민을 해결해 줄 수 있는 사람을 자신이 알고 있음을 깨달았다. 전광은 태자에게 그 사람을 곧 만나게 해 주겠다고 약속했다. 헤어지면서 태자는 전광에게 비밀 유지를 다시 강조했다.

"제가 전광 선생과 나눈 대화는 나라의 중대사이니 절대 다른 곳에 누설하시면 안 됩니다."

태자 단은 전광의 눈빛이 살짝 변하는 것을 느낄 수 있었다.

그 후 어느 날, 태자 단에게 한 사람이 찾아왔다. 그의 이름은 '형가'였다. 태자가 보기에 그는 보통 사람이 아니었다. 어떤 상황에서도 흔들리지 않고 목적을 달성할 수 있는 단호함이 느껴졌다. 태자 단은 비로소 본래 목적을 형가에게 말했다.

"제가 오늘 형가 선생을 만나게 된 것은 하늘이 연나라를 아직 버리지 않으셨기 때문일 것입니다. 지금 연나라는 힘이 약하여 도저히 진나라를 당해 내지 못합니다. 다른 나라도 이미 진나라에 멸망했거나 굴복한 상태이지요. 방법은 하나입니다. 보물로 진나라 왕을 유인하여 접근한 후 단번에 그를 찔러 죽이는 것입니다."

태자 단은 형가에게 진시황제에 대한 암살을 지시하고 있는 것이었다. 하지만 형가는 담담히 듣고만 있었다.

며칠이 지났다. 형가는 결심하고 태자를 찾아와 말했다.

"태자의 말씀을 따르겠습니다. 하지만 진시황제에게 반드시 접근해야 작전을 성공할 수 있습니다. 두 가지가 필요합니다. 하나는 연나라의 곡창 지대인 독항 지역의 지도이고, 다른 하나는 번오기 장군의 머리입니다. 이 두 가지가 없으면 진시황제는 저를 직접 만나 주지 않을 것입니다."

태자 단은 차마 번오기 장군의 목으로 진시황제를 유인하게 될 줄은 생각도 하지 못했다. 며칠만 생각할 시간을 달라고 하며 태자는 형가에게 전광 선생의 안부를 물었다.

"전광 선생은 잘 지내시오?"

그런데 충격적인 형가의 대답이 들려왔다.

"태자께서 헤어지시면서 전광 선생께 비밀을 절대 누설하지 말라고 하셨지요? 전광 선생께서는 스스로 죽음을 선택함으로써 태자님과의 약속을 지키셨습니다."

전광의 죽음과 번오기 장군의 머리. 태자 단은 자신이 벌이는 일이 얼마나 위험하고 많은 생명을 죽음으로 몰아넣고 있는지를 새삼 느꼈다.

한편 형가는 번오기를 직접 찾아갔다. 태자는 절대 이 결정을 내리지 못할 것이다. 번오기를 만난 형가는 상황을 말했다.

"장군. 지금 장군의 부모와 친척들은 장군 때문에 죽임당했다고 합니다. 진나라에서는 엄청난 상금을 내걸고 장군의 머리를 구하고 있습니다. 저희는 지금 진시황제를 보물로 유인하여 그를 암살하려 합니다. 만약 제가 장군의 머리를 바치겠다고 하면 진시황제는 반드시 저를 만나 줄 것입니다. 장군의 원수를 갚고 연나라도 살 방법입니다. 어떻게 하시겠습니까?"

번오기의 대답이 나오기까지 오랜 시간이 걸리지 않았다.

"기다리던 일이었습니다. 진나라 왕을 제거하는 데 제 목이 필요하다면 가져가십시오."

번오기는 스스로 목숨을 버렸다.

보물이 모두 갖추어졌다. 진나라 왕을 제거하는 데 쓸 예리한 단도도 준비되었다. 두루마리로 된 지도 맨 끝에 단도를 끼워 넣어 진나라 왕이 지도를 펼 때 공격할 수 있도록 했다. 그를 보조할 사람도 하나 구했다. 그는 '진무양'이라는 이름의 담대한 용사였다. 원래 형가는 자신과 함께할 누군가를 기다리고 있었지만, 그는 제시간에 도착하지 못했다. 형가와 진무양은 보물을 들고 진나라로 향했다. 작전이 성공하든 실패하든 돌아오지 못할 길이었다.

진나라에 도착한 형가는 한 신하에게 뇌물을 주고 진시황제와의 만남을 준비했다. 연나라에서 항복하러 온 사절단이 번오기의 머리를 들고 왔다는 소식에 진시황제는 매우 기뻐하며 만남을 허락했다. 드디어 약속 당일이 되었다. 형가와 진무양은 진시황제 앞으로 안내되었다. 형가가 번오기의 머리를 넣은 함을 들고, 진무양은 독항의 지도를 넣은 상자를 들고 진시황제에게 천천히 접근했다. 자연스러워야 한다. 하지만 문제가 생겼다.

같이 온 진무양이 진시황제를 보자 갑자기 얼굴빛이 파래지며 덜덜 떨기 시작한 것이다. 의심되는 상황이었다. 형가는 태연하게 웃으며 말했다.

"북녘땅 오랑캐 시골뜨기가 일찍이 천자를 뵈온 적이 없습니다. 그래서 떨며 두려워하고 있습니다. 대왕께서는 작은 잘못을 용서하시고 사자의 임무를 마치게 해 주십시오."

진시황제는 형가에게 덜덜 떨고 있는 동료는 놔두고 혼자 올라와 선물로 가져온 독항의 지도를 보여 달라고 명했다. 형가는 묵묵히 진시황제에게 다가가 지도를 바쳤다. 진시황제가 두루마리로 된 지도를 서서히 펼치기 시작했다. 지도가 펼쳐질수록 형가의 눈빛은 점점 날카롭게 변했다. 짧지만 굉장히 긴 시간이 지나고 마침내 지도 두루마리 끝에서 단도가 나타났다. 형가는 순식간에 진시황제의 옷을 잡고 단도로 그를 찔렀다. 하지만 진시황제는 순간적으로 몸을 돌려 칼을 피했고 옷만 찢어졌다.

진시황제 주변에는 무기를 든 신하가 없었다. 무기를 든 신하들은 황제의 지시가 있어야만 곁으로 올라올 수 있었기 때문이다. 따라서 지금 진시황제와 형가 사이에는 작은 단도가 전부였다. 형가는 진시황제를 쫓고 또 쫓았다. 그런데 당황해서 신경을 쓰지 못하고 있었을 뿐 진시황제의 등에도 장검이 하나 매여 있었다. 이것을 깨달은 진시황제가 형가의 다리를 내리치면서 암살의 위기에서 겨우 벗어날 수 있었다. 이렇게 진시황제 암살 시도는 실패로 돌아갔다.

진시황제 암살 미수 사건은 힘이 약한 연나라가 마지막 수단으로 진나라를 공격했던 충격적인 사건이었다. 진나라는 이 사건 이듬해에 엄청난 군대를 동원해 연나라 수도를 함락했다. 연나라 왕은 진나라의 공격이 계속 이어지자 다른 지역으로 도피했던 태자 단의 목을 베어 진시황제에게 바쳤다. 태자 단 때문에 보복 공격하는 줄 알았던 것일까? 아니었다. 진나라의 목적은 연나라의 멸망이었고, 그해는 기원전 222년이었다.

이제 마지막으로 남은 나라는 제나라였지만, 제일 허무한 결말을 맞았다. 연나라를 멸망시킨 진나라는 다음 해에 제나라를 공격했다. 그런데 마지막까지 저항했던 다른 나라와 달리 제나라 사람들은 싸움 한번 하지 않고 진나라에 나라를 바쳤다. 제나라의 마지막 왕은 항복하면 500리의 땅을 주고 조상의 제사를 받들게 해 주겠다는 진나라의 약속을 순진하게 받아들였다. 하지만 약속은 당연히 지켜지지 않았다. 진나라는 항복한 왕을 황무지로 추방했으며 제나라 왕은 같이 추방된 왕족들과 함께 굶어 죽고 말았다. 기원전 221년, 다소 허무하게 제나라가 멸망함으로써 마침내 진시황제에 의한 천하통일이 완성되었다. 그의 나이 39세였다.

마침내 여섯 나라를 모두 멸망시키고 천하를 통일한 진시황제는 다른 나라가 모두 사용했던 '왕'이라는 호칭에서 벗어나 고대 중국을 세운 현명한 임금들인 '삼황오제'에서 '황제'라는 명칭을 가져와 진시황제라는 칭호를 사용하기로 했다. 그리고 뒤를 잇는 왕들은 다른 명칭을 사용하지 말고 2세, 3세로 칭할 것을 명령했다. 진시황제는 화씨의 옥을 가져와 옥새를 정성스럽게 만들고 '하늘에서 천명을 받았으니 영원히 번창하리라'라는 문구를 새겨 넣었다. 그는 후손

전국을 통일해 전국 시대를 마무리한 진시황제와 만리장성

들이 천만세까지 이르길 바랐으나 그 꿈은 바로 다음 황제에서 끊어지고 말았다. 진나라는 2세 황제에 이르러 발생한 내란으로 멸망했고, 혼란의 역사는 다시 '초한 전쟁'으로 이어진다.

# 주요 고사성어

**가도멸괵**　**假**거짓 가 **道**길 도 **滅**꺼질 멸 **虢**괵나라 괵

진(晉)나라 헌공이 괵나라를 공격하기 위해 옆에 있는 우나라에 길을 빌려 달라고 한 것에서 유래한 고사성어로, 원래 의도를 숨기고 도움을 요청해 원래 목적을 달성하고 나서는 도움을 주었던 상대방에게까지 손해를 끼치는 행위를 말한다. 우나라는 괵나라로 가는 길을 빌려준 이후 멸망의 길을 밟아야 했다.

**각주구검**　**刻**새길 각 **舟**배 주 **求**구할 구 **劍**칼 검

배를 타고 가다가 칼이 강에 빠졌는데, 뱃전에 칼이 빠진 위치를 표시한 후 강을 건넌 다음에야 찾으려 했다는 어리석은 이야기에서 유래한 고사성어이다. '어리석고 융통성이 없음'을 의미하며 '현실에 맞지 않는 낡은 생각을 고집하는 경우'에도 사용한다. 강물 위의 배처럼 세상은 움직이는데 그것을 생각하지 못하고 있음을 의미하기 때문이다.

**관포지교**　**管鮑**관중과 포숙 **之**~의 지 **交**사귈 교

제나라 공자들의 스승이었던 관중과 포숙의 평생 가는 우정을 뜻하는 고사성어.

**걸구폐요**　**桀**걸왕 걸 **狗**개 구 **吠**짖을 폐 **堯**요임금 요

걸왕은 폭군이고 요임금은 태평성대의 성군이지만, 걸왕의 개는 오로지 자기 주인만을 따르며 오히려 요임금을 보고 사납게 짖는다는 뜻으로, 아랫사람은 그저 자기 주인만을 위해 일한다는 의미이다.

### 결초보은　　　結맺을 결 草풀 초 報갚을 보 恩은혜 은

풀을 묶어 은혜를 갚았다는 뜻. 전장의 풀을 서로 당겨서 묶어 적국 병사들의 다리가 걸리게 하여 진나라 장수 위과를 도와준 이가 있었다. 알고 보니 그는 위과가 과거에 도움을 주었던 여인의 아버지 혼령이었다. 즉 죽어서도 받은 은혜를 잊지 않고 보답하는 것을 뜻한다.

### 계명구도　　　鷄닭 계 鳴울 명 狗개 구 盜도둑 도

전국 사군자 중 한 명인 맹상군은 진나라에서 위기를 맞았는데 강아지 소리를 잘 내는 도둑과 닭 소리를 똑같이 내는 식객의 도움으로 탈출할 수 있었다. 이렇게 하찮은 재주를 가진 사람도 쓸모 있음을 보여 준 맹상군의 탈출기에서 유래한 사자성어이다.

### 교토삼굴　　　狡교활할 교 兔토끼 토 三셋 삼 窟굴 굴

맹상군이 정치적 위기를 맞이했을 때 식객이었던 풍훤의 기지로 위기를 극복했다. 이때 풍훤은 교활한 토끼는 빠져나갈 구멍을 세 개 판다며 자신도 맹상군을 위해 세 가지 방책을 마련하겠다고 말한 데서 유래한 사자성어이다. 우리가 앞날을 위해 여러 가지 의미 있는 준비를 미리 한다면 뜻하지 않은 불행에 대비할 수 있음을 의미하는 말이다.

### 굴묘편시　　　掘굴 굴 墓무덤 묘 鞭채찍 편 屍주검 시

오나라 오자서는 아버지와 형을 살해한 초나라 왕에게 복수하기 위해 노력했지만, 초나라를 정복했을 때 원수는 이미 사망한 뒤였다. 이에 오자서는 원수의 무덤을 파내고 시체에 수백 번 채찍질했는데 여기서 유래한 고사성어이다. 현재는 '통쾌한 복수' 혹은 '지나친 행동' 둘 다의 의미로 사용한다.

**궁팔십 달팔십** 窮궁할 궁 八十팔십 達통달할 달 八十팔십

80세까지 궁하게 살다가 80세에 이르러 성공하게 된 강태공의 인생에서 유래한 말로, 사람마다 성공하는 때가 달라 언제 다다를지 모르니 쉽게 포기하면 안 된다는 지혜가 담겼다.

 **급과이대** 及미칠 급 瓜오이 과 而어조사 이 代대신할 대

오이가 익으면 대신할 사람을 보내 준다는 뜻. 제나라 양공은 참외가 내년에 맛있게 익으면 연칭과 관지보를 변방에서 옮겨 준다고 약속했다가 지키지 않았고, 이로써 반란이 일어나 살해당했다. 굳은 약속을 지키지 않음을 의미한다.

 **기강지복** 紀綱기강(그물망) 之~의 지 僕시종 복

진(秦)나라 목공이 진(晉) 문공에게 딸을 시집보내면서 소중한 딸이 타고 있는 수레가 거센 황하 물결에 떠내려가지 않도록 정예병 3천 명이 수레를 그물망처럼 둘러싸고 강을 건너게 했다. 그 이후로 그물망처럼 질서 정연한 군사들을 '기강지복'이라고 부르게 됐으며, 가장이 집안을 잘 다스린다는 의미의 '기강을 잡는다'라는 표현도 여기에서 유래하였다.

 **낭자야심** 狼이리 랑 子놈 자 野들 야 心마음 심

이리의 목소리와 강한 야심을 가지고 있었던 초나라 장수 투월초는 결국 반란을 일으켰다. 이리가 본래의 야성이 있어 길들지 않는 것처럼, 비뚤어진 마음을 가진 사람에게는 아무리 좋은 교육을 베풀어도 소용이 없으며, 결국 배신당한다는 뜻이다.

**낭중지추** 囊주머니 낭 中가운데 중 之~의 지 錐송곳 추

조나라 평원군은 초나라에 도움을 요청하러 가면서 능력 있는 식객을 모집했다. 모수가 자신을 추천하자 평원군은 '뛰어난 사람은 주머니 속의 송곳처럼' 반드시 드러나는 법인데 모수의 지혜로움에 대해 들은 바가 없다며 거절했다. 여기서 유래한 고사성어로, 모수는 기어이 평원군을 따라가 큰일을 해냈다.

**도탄** 塗진흙 도 炭숯 탄

진흙과 숯불에 빠진 상태를 말하며, 잘못된 정치로 백성이 고통에 빠진 것을 '도탄에 빠졌다'라고 말한다. 상나라를 세운 걸왕이 하나라를 비난하면서 연설한 말에서 유래했다.

**동병상련** 同같을 동 病병 병 相서로 상 憐불쌍히 여길 연

정치적 음모의 희생양이 되어 초나라에서 탈출한 오자서는 같은 처지의 백비를 만나자 '같은 병을 앓는 사람들은 서로를 동정하는 법'이라며 그를 두둔했다. 여기서 유래한 고사성어인데, 실제로는 백비의 모함으로 오자서가 죽음을 맞는다.

**문경지교** 刎목 벨 문 頸목 경 之~의 지 交사귈 교

조나라 염파와 인상여는 서로 간의 오해를 풀고 의기투합하면서 목이 잘리더라도 같이하는, 즉 '생사를 같이하는 우정'을 쌓기로 다짐했다. 여기서 유래한 말이다.

**백발백중** 百일백 백 發쏠 발 百일백 백 中가운데 중

초나라 신궁 양유기는 버드나무 잎을 백 보 떨어진 곳에서 활로 백 번 쏘면 백 번 다 맞출 수 있었다고 한다. 그로부터 유래한 고사성어이다.

## 백이숙제    **伯夷叔齊** 백이숙제

아버지 제사도 마무리하지 않고 작은 주나라가 큰 나라인 상나라를 공격하는 게 불효이자 반역이라고 주장했던 선비들이다. 이들은 전쟁에서 주나라가 승리하자 주나라의 곡식을 먹지 않겠다고 선언하고 수양산에 들어가 고사리로 연명하다가 굶어 죽었다. 후에 반역을 인정하지 않고 소신을 지킨 신하로 충신의 본보기가 되었다.

## 복수불반분    **覆**엎어질 복 **水**물 수 **不**아닐 불 **返**돌아올 반 **盆**동이 분

엎지른 물을 그릇에 다시 담을 수 없다는 뜻으로, 강태공이 도망친 아내에게 했던 말에서 유래했다. 엎질러진 물처럼 이미 저지른 일은 후회해도 되돌릴 수 없다는 의미로 사용하는 말이다.

## 부복납간    **剖**쪼갤 부 **腹**배 복 **納**받아들일 납 **肝**간 간

위나라 충신 홍연은 군주가 전쟁터에서 전사하고 남은 장기가 간밖에 없자, 자기 배를 가르고 군주의 간을 집어넣어 자신의 몸을 군주의 관으로 바쳤다. 이렇게 생명을 바쳐서까지 왕에게 지극히 충성했던 홍연의 이야기에서 유래한 고사성어다.

## 부형청죄    **負**질 부 **荊**가시나무 형 **請**청할 청 **罪**허물 죄

조나라 장수 염파는 인상여가 능력 없이 자기보다 높은 지위에 있다며 시비를 걸었는데, 나중에 인상여의 깊은 뜻을 알게 되었다. 크게 뉘우친 염파는 회초리를 짊어지고 인상여에게 가서 자기 죄를 벌해 달라고 사정했는데, 여기서 유래한 고사성어이다. 자기 잘못을 크게 인정하고 처벌해 줄 것을 자청한다는 의미이다.

**불비불명**　　**不**아니 불 **飛**날 비 **不**아니 불 **鳴**울 명

초나라 장왕은 누가 간신이고 충신인지를 가늠하기 위해 3년 동안 일부러 방탕하게 생활했는데, 이를 걱정한 신하가 초 장왕을 깨우치고자 3년간 날지도, 울지도 않는 새의 이야기를 꺼냈고 여기서 유래한 고사성어이다. 큰일을 하려고 오랫동안 조용히 때를 기다리는 것을 의미한다.

**사위지기자사**　**士**선비 사 **爲**할 위 **知**알 지 **己**몸 기 **者**사람 자 **死**죽을 사

선비는 자신을 알아주는 사람을 위해 죽는다는 의미로, 자기에게 잘 대우해 준 군주의 복수를 하고자 갖은 어려움을 무릅썼던 예양의 말에서 유래했다.

**상분지도**　　**嘗**맛볼 상 **糞**똥 분 **之**~의 지 **徒**무리 도

월왕 구천은 전쟁에서 패배한 후 오나라에서 노비 생활을 하게 되었는데, 오나라 왕에게 잘 보이려고 그의 똥을 먹기도 한다. '변을 맛보는 무리'라는 뜻의 상분지도는 윗사람에게 아첨하는 사람을 비난할 때 주로 사용한다.

**소부허유**　　**巢父許由** 소부허유

요임금이 다음 임금으로 자신을 지목하자 소부는 소식을 들은 자기 귀를 씻었고, 친구인 허유는 귀를 씻은 물을 소에게조차 먹이지 않았다는 이야기에서 유래한 사자성어. 부귀영화를 마다하는 사람을 이르는 말이다. 참고로 이런 사람들이 사는 곳을 '기산영수'라고 한다.

**송양지인** **宋襄**송 양공 **之**~의 지 **仁**어질 인

송나라 양공이 초나라 군대에 불필요한 예의를 베풀다가 전쟁에 패한 데서 유래한 고사성어. '미련한 인자함' 또는 '자기 분수도 모르면서 남을 동정하는 어리석은 어짊'을 뜻한다.

**순망치한** **脣**입술 순 **亡**망할 망 **齒**이 치 **寒**차가울 한

입술이 없으면 이가 시리다는 뜻으로, 진나라가 괵나라를 공격하고자 우나라에 길을 빌려 달라고 했을 때, 우나라 신하 궁지기는 순망치한을 예로 들며 괵나라가 망하면 우리도 곧 망하게 될 것이라고 군주를 설득했다.

**식언** **食**먹을 식 **言**말씀 언

내뱉은 말을 삼킨다는 뜻으로, 약속을 지키지 않을 때 '식언한다'라고 말한다. 상나라를 세운 걸왕이 하나라를 비난하면서 연설한 말에서 유래했다.

_____

**어부지리** **漁**고기 잡을 어 **父**아비 부 **之**어조사 지 **利**이로울 리

조나라가 연나라와의 전쟁을 준비하자 연나라는 두 나라가 전쟁하면 제나라만 이로울 것이라며 어부의 예를 든다. 강가에서 황새가 날아와 조갯살을 먹으려고 조개 안으로 부리를 집어넣자 조개가 입을 오므려 황새의 주둥이를 꽉 깨물었다. 이렇게 조개와 황새가 서로 양보하지 않고 서로 기 싸움을 벌이는 사이 지나가던 어부가 둘 다 사로잡았다. 이 이야기를 들은 조나라 왕은 연나라와의 전쟁을 중단하기로 결심했다.

**역아증자식군**   **易牙**역아 **蒸**찌다 증 **子**아들 자 **食**먹을 식 **君**임금 군

제나라 신하 역아가 자기 자식을 삶아 임금인 제 환공에게 바쳤다는 이야기에서 유래한
고사성어. 관중은 인간의 도리를 지키지 않은 역아를 멀리할 것을 환공에게 조언했다.


**오설상재**   **吾**나 오 **舌**혀 설 **尙**아직 상 **在**있을 재

장의는 보물을 훔쳤다는 누명을 쓰고 심하게 고초를 당했는데, 집에 와서 혀가 아직 붙어
있다는 사실에 안도한다. 비록 몸은 심하게 망가졌지만 혀만 살아 있으면 다른 사람을 말
로 설득할 수 있으니, 자기 뜻을 펼 수 있다는 낙천적인 뜻이다.


**오월동주**   **吳**나라 오 **越**월나라 월 **同**한 가지 동 **舟**배 주

오나라와 월나라는 서로를 멸망시키려고 전투를 벌인 사이가 매우 안 좋았던 나라들이
다. 당연히 백성의 사이도 원수지간일 것이다. 하지만 《손자병법》을 쓴 손무는 '사이가 안
좋은 두 나라 사람이라도 함께 탄 배가 거친 풍랑을 만나면 살고자 서로 필사적으로 도울
것'이라고 생각했다. 여기서 유래한 사자성어로, 사이가 나쁜 사람이라도 같은 위기 상황
에 놓이면 서로 돕게 된다는 의미가 있다.


**이목지신**   **移**옮길 이 **木**나무 목 **之**~의 지 **信**믿을 신

진나라 상앙은 나뭇조각을 옮기는 간단한 일을 하면 상을 내리겠다는 명을 내리고, 실제
로 옮긴 사람에게 큰 상을 내려 약속을 지켰다. 이것은 자신이 만든 법 또한 그대로 지켜
질 것이라는 믿음을 백성에게 심어 주기 위한 것이었다.

**일모도원**　　**日**날 일 **暮**저물 모 **途**길 도 **遠**멀 원

오나라 오자서는 원수의 무덤을 파헤치고 시신에 채찍질하는데, 이를 비난하는 친구에게 '해는 지는데 길이 멀어서' 어쩔 수 없었다고 이야기한다. 여기서 유래한 고사성어로, 해야 할 일은 많은데 사소한 것까지 신경을 쓸 시간이 없다는 의미이다.

**와신상담**　　**臥**누울 와 **薪**섶나무 신 **嘗**맛볼 상 **膽**쓸개 담

오나라 부차는 아버지의 원수를 잊지 않기 위해 딱딱한 장작 위에서 잠을 잤는데, 이것이 '와신'이다. 월나라 구천은 자기가 당한 수모를 잊지 않고자 쓸개를 매일 맛보았는데, 이것이 '상담'이다. 와신상담은 큰 뜻을 이루려면 어떤 고난도 참고 이겨 낸다는 의미를 담고 있다.

**완벽귀조**　　**完**완전할 완 **璧**옥 벽 **歸**돌아갈 귀 **趙**조나라 조

조나라 인상여는 조나라의 보물인 '화씨의 옥'을 진나라로부터 완전한 모양으로 가지고 되돌아왔는데, 여기서 유래한 고사성어이다. 물건을 완전한 상태로 원래 주인에게 돌려주는 것을 의미하며, 우리가 자주 사용하는 '완벽'하다는 말도 여기서 유래한 것이다.

**원교근공**　　**遠**멀 원 **交**사귈 교 **近**가까울 근 **攻**공격할 공

중국을 통일한 진나라 외교 정책의 근본으로, 가까운 나라를 공격하고자 반드시 먼 나라와는 화친을 맺어 두는 방법이다. 그래서 진나라는 제나라와 화친하는 데 공을 들였으며, 가까운 나라들을 모두 제압한 뒤 제나라를 손쉽게 정복했다.

**위위구조**　　**圍**둘러쌀 위 **魏**위나라 위 **救**구할 구 **趙**조나라 조

제나라 손빈이 조나라를 구하기 위해 병사를 조나라로 보내지 않고 적의 본진인 위나라로 보냈던 것에서 유래했다. 강한 적과 싸우려면 그들과 정면 대결하는 것보다는 약점을 찾아 공격하거나, 배후를 공격하는 것이 효과적이라는 의미이다.

**작법자폐**　　**作**만들 작 **法**법 법 **自**스스로 자 **斃**죽을 폐

진나라 상앙은 정치적 위기 상황에서 나라를 탈출하려고 했으나, 나라의 법 때문에 탈출할 수도, 근처 여관에서 밤을 보낼 수도 없었다. 자신이 만든 법으로 자신이 죽을 위기를 맞은 것이다. '자기가 놓은 덫에 자기가 먼저 걸린다'라는 속담과도 유사하다.

**절영지연**　　**絶**끊을 절 **纓**갓끈 영 **之**~의 지 **宴**잔치 연

초나라 장왕은 왕후를 희롱한 신하를 찾지 않고 유일한 증거인 갓끈을 참석자에게 모두 끊어 내라고 지시했는데, 여기서 유래한 고사성어이다. 희롱했던 당사자는 잘못을 뉘우치고 초 장왕에게 평생 헌신했다. 아랫사람의 허물을 덮어 주는 리더의 넓은 마음을 뜻하며, 남의 잘못을 관대하게 용서하면 보답이 따른다는 의미도 있다.

**존왕양이**　　**尊**공경할 존 **王**왕 왕 **攘**물리칠 양 **夷**오랑캐 이

춘추 시대 패자들의 슬로건으로, 주나라 왕실을 모시면서 주변부의 오랑캐를 물리치자는 뜻이다.

**주지육림**　　酒술 주 池연못 지 肉고기 육 林수풀 림

술로 연못을 만들고, 고기로 숲을 만든다는 뜻으로 아주 방탕하게 노는 것을 의미한다. 하나라 걸왕이 말희에게, 상나라 주왕이 달기에게 휘둘리면서 주지육림을 만들어 잔치만 일삼다가 나라가 결국 멸망했다. 걸왕과 주왕을 줄여서 '걸주'라고 하는데, 전형적인 폭군을 가리키는 말이다.

**천금매소**　　千일천 천 金쇠 금 買살 매 笑미소 소

천금을 주고 사랑하는 여인의 미소를 산다는 뜻으로 포사의 미소를 보려고 온갖 악행을 저질렀던 주나라 유왕 이야기에서 유래했다. 단지 사랑뿐만 아니라 쓸데없는 일에 돈과 힘을 낭비할 때에도 흔하게 사용한다.

**칠신탄탄**　　漆옻 칠 身몸 신 呑삼킬 탄 炭숯 탄

옛 군주의 복수를 하려고 예양은 몸에 옻칠하고 숯을 삼켜 목소리를 바꾸었는데, 여기서 유래한 고사성어이다. 칠신탄탄은 복수를 위해 또는 목적을 위해 온갖 고난을 참고 견딘다는 뜻으로, 앞서 만나 본 '와신상담'과 의미가 통하는 말이다.

**탐천지공**　　貪탐낼 탐 天하늘 천 之~의 지 功공 공

진 문공이 오랜 유랑 생활을 끝내고 군주가 되자 수많은 사람이 그간 자신의 노고를 인정받으려고 노력했는데, 개자추는 먹을 게 없던 시절 자기 허벅지를 베어 진 문공에게 바친 일을 과시하지 않았다. 그는 진 문공이 왕위에 오른 것은 하늘이 선택한 것이지 신하 덕은 아니라고 생각했다. 그래서 상이나 벼슬을 받으려고 노력하는 이들을 보고 '하늘의 공로를 욕심내는 것'이라며 비난했는데, 여기서 나온 것이 바로 고사성어가 '탐천지공'이다. 다른 사람의 공을 탐내는 것을 뜻한다.

### 태공조어 이수삼촌

**太公**태공 **釣**낚시 조 **魚**물고기 어 **離**떠날 이 **水**물 수 **三寸**삼촌(세 치)

강태공의 낚싯바늘이 물 위로 세 치나 나와 있었던 데서 유래한 말이다. 강태공은 낚시하면서 세월을 낚다가 결국 주나라 문왕에게 발탁되었고, 춘추 시대 강대국인 제나라의 설립 군주가 되었다.

### 태평성대   **太**클 태 **平**다스릴 평 **聖**성인 성 **代**시대 대

어진 성인 군주가 다스리는 크게 편안한 시대. 요임금과 순임금이 다스린 시대라는 뜻의 '요순 시대'와 같은 의미로 사용한다.

### 토사구팽   **兎**토끼 토 **死**죽을 사 **狗**개 구 **烹**삶을 팽

월나라가 오나라를 물리치고 패자 지위에 오르자 그동안 월나라 군주를 모셨던 범려는 '토끼 사냥이 끝나면 사냥개는 삶아져 죽는다'라는 말을 남기고 홀연히 사라졌다. 여기서 유래한 고사성어이다. 필요할 때는 요긴하게 쓰지만, 필요 없어지면 바로 버려짐을 의미한다.

### 퇴피삼사   **退**물러날 퇴 **避**피할 피 **三**석 삼 **舍**삼십 리 사

군주가 되기 전 진 문공이 전국을 유랑하던 시절, 초나라 성왕이 그에게 도와주면 무엇으로 보답할 것인지를 물었다. 그때 진 문공은 전쟁터에서 초나라 군대와 마주치면 3일 동안의 행군 거리를 뒤로 물러나 주겠다고 했다. 여기에서 유래한 고사성어로, 다투지 않고 양보하며 물러나는 것을 의미한다.

**포목소사**     **抱**안을 포 **木**나무 목 **燒**불사를 소 **死**죽을 사

진 문공은 어렵던 시설 자신을 극진히 도왔던 개자추에게 어떻게든 포상을 내리고 싶었지만, 이미 그는 늙은 어머니를 모시고 산속 깊숙이 사라진 뒤였다. 고심하던 문공은 산에 불을 질러 개자추가 내려오기를 기다렸으나 그는 내려오지 않았고, 다 타 버린 산을 수색한 끝에 어머니를 감싸 안은 채 나무를 잡고 탄 시신을 찾을 수 있었다. '나무를 안고 불에 타 죽는다'라는 뜻의 '포목소사'는 바로 개자추를 뜻하는 사자성어이다.

**포락지형**     **炮**구울 포 **烙**지질 락 **之**~의 지 **刑**형벌 형

기름을 바르고 숯불에 달군 구리 기둥 위를 맨발로 걸어가는 것으로, 발이 미끄러지면 바로 불에 타 죽는 끔찍한 형벌이다. 상나라 주왕과 달기는 포락지형을 받는 충신들이 불에 타 죽은 모습을 보며 크게 웃고 즐거워했다.

**합종연횡**     **合**합할 합 **從**좇을 종 **連**연속할 연 **衡**가로 횡

소진과 장의의 외교 정책에서 유래한 사자성어로, 종(從)은 진나라를 제외한 남북 방향 연합을 말하고, 횡(衡)은 진나라와 다른 나라의 동서 방향 연합을 뜻한다. 덕분에 외교 무대에서 활약하는 사람들을 당대에 '종횡가'라 불렀다.